The Only
Chord Book
You Will Ever Need!

T0057164

by
John McCarthy

Editors: Steve Gorenberg, John McCarthy
Supervising Editor: Cathy McCarthy
Music Engraving and Book Design: Jimmy Rutkowski
Photography: Nick Finelli
Production Manager: John McCarthy

CD Audio Engineering and Recording:
Jimmy Rutkowski, John McCarthy and Mark Manczuk

Cover Art Direction and Design:
Paul Enea, Tovero & Marks

ISBN: 978-0-9764347-8-8

Produced by The Rock House Method®

table of contents

the major scale chord formula 144

chord progressions 147

how to use this book

This chord reference book contains a collection of the most popular chords for the guitar. Each chord is represented using a chord diagram and tablature. The two photos that accompany each chord show the proper hand positions both from the front and from the player's perspective.

You can download professional audio backing tracks of each chord picked and strummed from RockHouseMethod.com. Use the member number located on the inside back cover of this book to register online.

The chords in this book are shown in all of the natural keys. To play these chords in any of the sharp or flat keys, simply move the chord shape one fret higher or one fret lower appropriately.

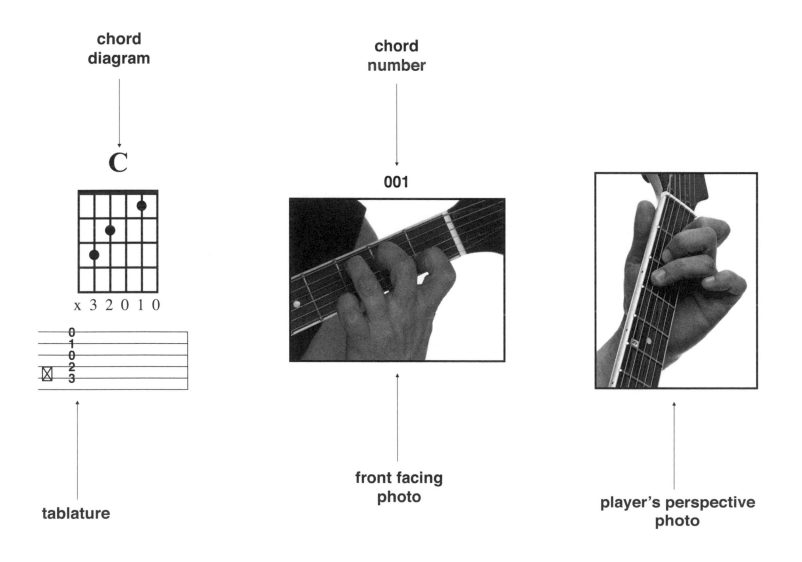

chord diagram

chord number

001

C

x 3 2 0 1 0

front facing photo

player's perspective photo

tablature

A chord diagram is a graphic representation of part of the fretboard (as if you stood the guitar up from floor to ceiling and looked directly at the front of the neck). The vertical lines represent the strings; the horizontal lines represent the frets. The dark colored horizontal line at the top represents the nut. If a chord is positioned higher on the neck, a numbered indicator to the left of the diagram will tell you what fret the diagram begins at.

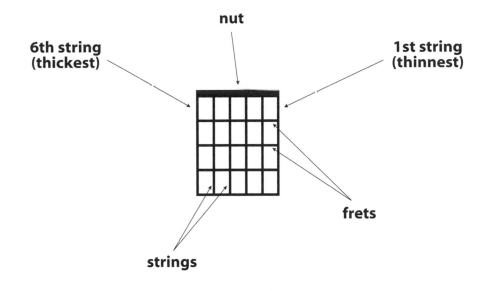

Chord diagrams show which notes to play and which strings they are played on. The solid black dots within the graph represent fretted notes and show you where your fingers should go. Each of these dots will have a number directly below it, underneath the diagram. These numbers indicate which left hand finger to fret the note with (1 = index, 2 = middle, 3 = ring, 4 = pinky). The 0s at the bottom of the diagram show which strings are played open (strummed with no left hand fingers touching them). An x below a string indicates that string should either be muted or not strummed.

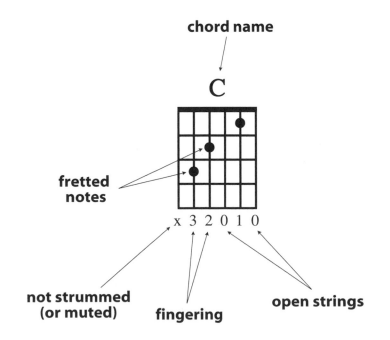

chords used in this book

major

C

suspended fourth

Csus4

suspended second

Csus2

major sixth

C6

major seventh

Cmaj7

major ninth

Cmaj9

major thirteenth

Cmaj13

minor

Cm

minor sixth

Cm6

minor seventh

Cm7

minor ninth

Cm9

minor eleventh

Cm11

minor thirteenth

Cm13

minor seventh flat-five

Cm7♭5

diminished seventh

C°7

dominant seventh

C7

dominant seventh suspended fourth

C7sus4

dominant seventh flat-five

C7♭5

dominant ninth

C9

dominant ninth suspended fourth

C9sus4

dominant thirteenth

C13

augmented

C+

five (power chord)

C5

C

x 3 2 0 1 0

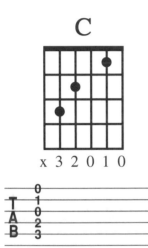

001

C

x 3 2 0 1 4

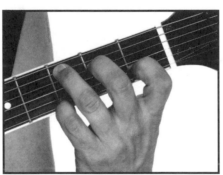

002

C

5fr

x x 1 1 1 4

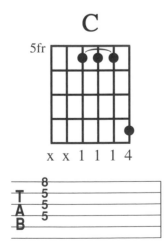

003

C

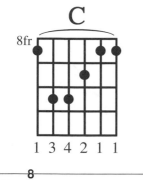

8fr

1 3 4 2 1 1

```
T   8
    8
A   9
    10
B   10
    8
```

C

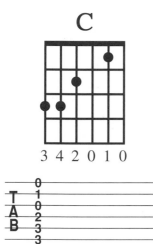

3 4 2 0 1 0

```
T   0
    1
A   0
    2
B   3
    3
```

C

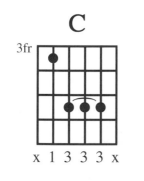

3fr

x 1 3 3 3 x

```
T   5
    5
A   5
B   3
```

C

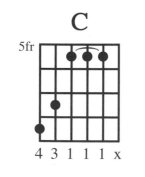

5fr

4 3 1 1 1 x

```
T   5
    5
A   5
B   7
    8
```

004

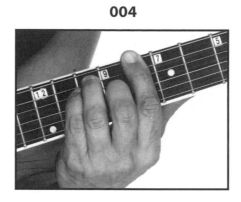

005

006

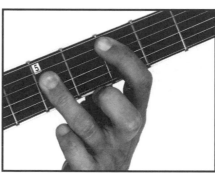

007

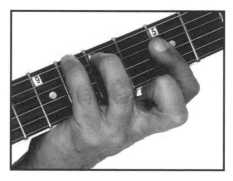

C

8fr

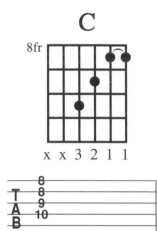

x x 3 2 1 1

```
T  8
A  8
B  9
   10
```

008

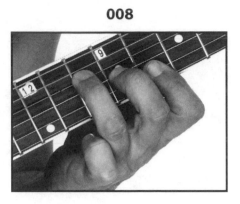

Csus4

x x 3 0 1 4

```
T  3
A  1
B  0
   3
```

009

Csus4

3fr

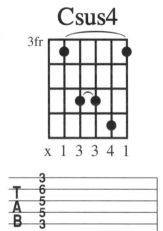

x 1 3 3 4 1

```
T  3
A  6
B  5
   5
   3
```

010

Csus4

8fr

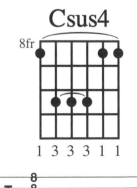

1 3 3 3 1 1

```
T  8
A  8
B  10
   10
   10
   8
```

011

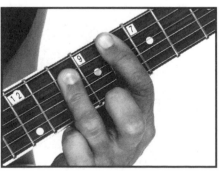

Csus2

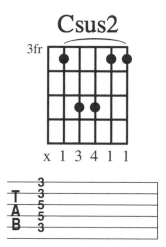

3fr

x 1 3 4 1 1

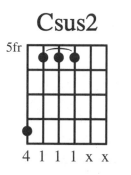
```
T    3
     3
A    5
     5
B    3
```

Csus2

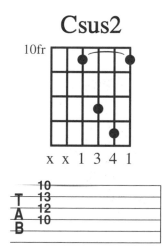

5fr

4 1 1 1 x x

```
T    5
     5
A    5
B    8
```

Csus2

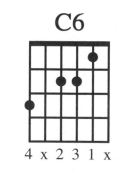

10fr

x x 1 3 4 1

```
     10
T    13
     12
A    10
B
```

C6

4 x 2 3 1 x

```
T    1
     2
A    2
B
     3
```

012

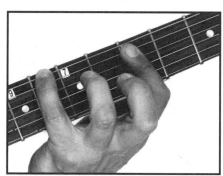

013

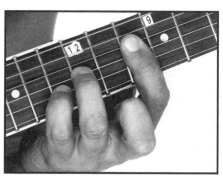

014

015

C6

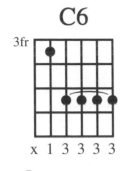

3fr

x 1 3 3 3 3

```
T  5
   5
A  5
   5
B  3
```

C6

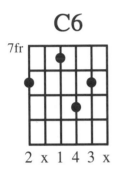

7fr

2 x 1 4 3 x

```
T  8
   9
A  7

B  8
```

C6

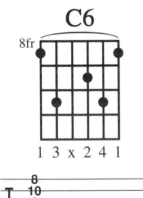

8fr

1 3 x 2 4 1

```
T  8
   10
A  9

B  10
   8
```

Cmaj7

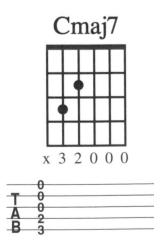

x 3 2 0 0 0

```
   0
   0
T  0
   0
A  2
B  3
```

016

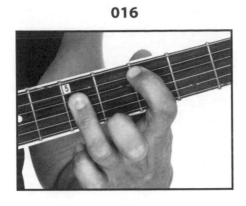

017

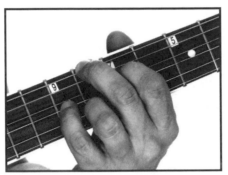

018

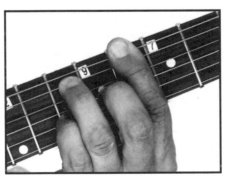

019

Cmaj7

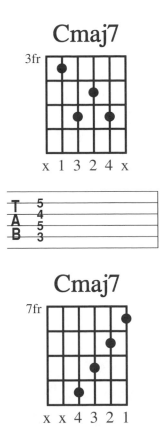

3fr

x 1 3 2 4 x

```
T  5
A  4
A  5
B  3
```

Cmaj7

7fr

x x 4 3 2 1

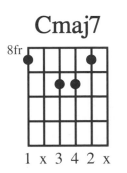

```
   7
T  8
A  9
B  10
```

Cmaj7

8fr

1 x 3 4 2 x

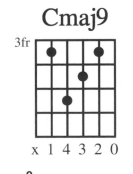

```
T  8
A  9
A  9
B
   8
```

Cmaj9

3fr

x 1 4 3 2 0

```
   0
T  3
A  4
A  5
B  3
```

020

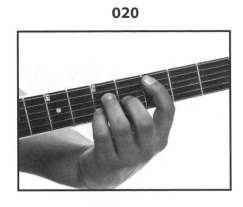

021

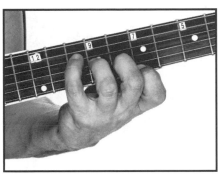

022

023

Cmaj9

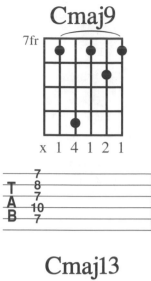

x 1 4 1 2 1

```
T    7
     8
A    7
     10
B    7
```

Cmaj13

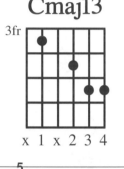

x 1 x 2 3 4

```
T    5
     5
A    4
B    3
```

Cmaj13

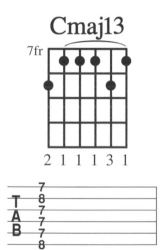

2 1 1 1 3 1

```
T    7
     8
A    7
     7
B    7
     8
```

Cm

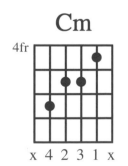

x 4 2 3 1 x

```
T    4
A    5
     5
B    6
```

024

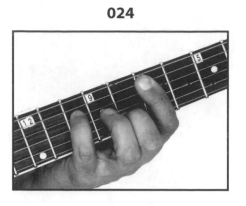

025

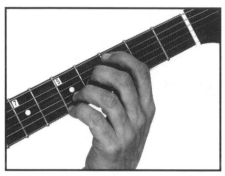

026

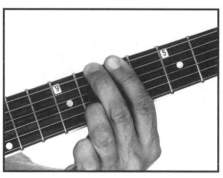

027

18

Cm

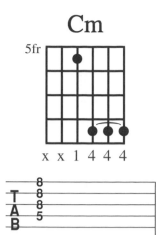

5fr

x x 1 4 4 4

```
T 8
A 8
  8
B 5
```

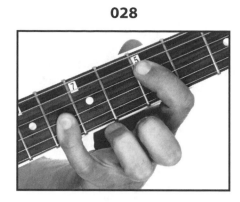

028

Cm

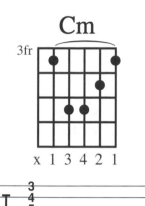

3fr

x 1 3 4 2 1

```
T 3
A 4
  5
  5
B 3
```

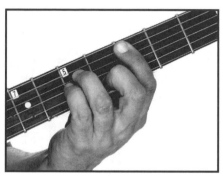

029

Cm

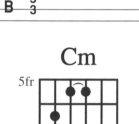
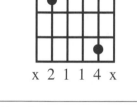

5fr

x 2 1 1 4 x

```
T 8
A 5
  5
B 6
```

030

Cm

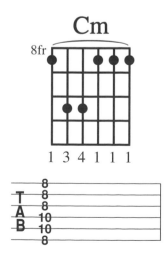

8fr

1 3 4 1 1 1

```
T 8
A 8
  8
  10
B 10
  8
```

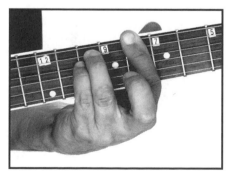

031

19

Cm

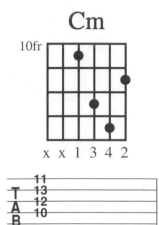

10fr

x x 1 3 4 2

```
T  11
   13
A  12
B  10
```

Cm6

x 0 1 0 2 4

```
   3
T  1
   0
A  1
B  0
```

Cm6

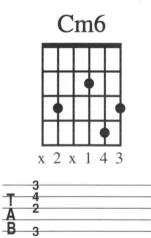

x 2 x 1 4 3

```
   3
T  4
   2
A
B  3
```

Cm6

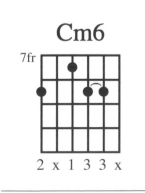

7fr

2 x 1 3 3 x

```
   8
T  8
   7
A
B  8
```

20

032

033

034

035

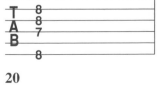

Cm7

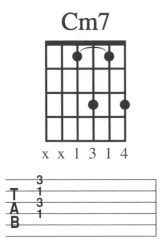

x x 1 3 1 4

```
T  3
   1
   3
A
   1
B
```

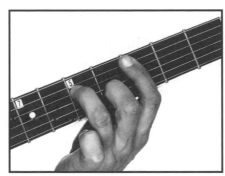

036

Cm7

3fr

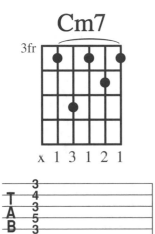

x 1 3 1 2 1

```
T  3
   4
   3
A  5
B  3
```

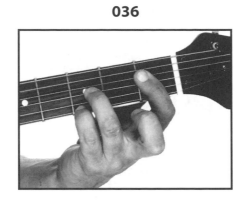

037

Cm7

8fr

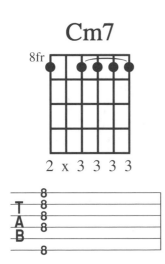

2 x 3 3 3 3

```
T  8
   8
   8
A
B  8
```

038

Cm7

10fr

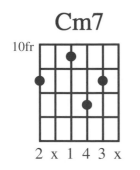

2 x 1 4 3 x

```
T  11
   12
   10
A
B  11
```

039

21

Cm9

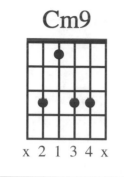

x 2 1 3 4 x

```
T  3
A  3
B  1
   3
```

Cm9

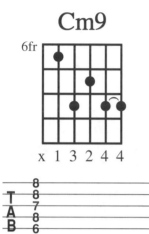

6fr

x 1 3 2 4 4

```
T  8
A  8
   7
B  8
   6
```

Cm11

x 1 1 1 2 1

```
T  3
A  4
   3
B  3
   3
```

Cm11

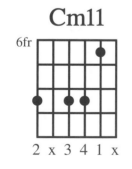

6fr

2 x 3 4 1 x

```
T  6
A  8
   8
B  8
   8
```

040

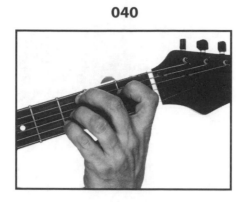

041

042

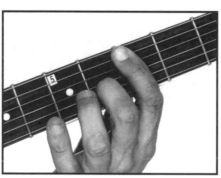

043

Cm13

3fr

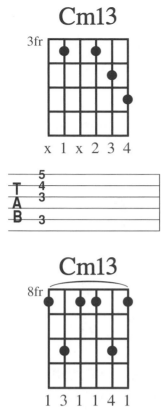

x 1 x 2 3 4

```
T  5
A  4
   3
B  3
```

Cm13

8fr

x

1 3 1 1 4 1

```
T  8
   10
A  8
B  8
   10
   8
```

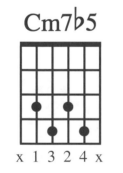

Cm7♭5

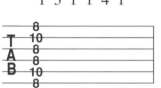

x 1 3 2 4 x

```
T  4
A  3
   4
B  3
```

Cm7♭5

7fr

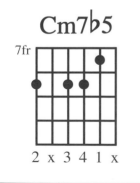

2 x 3 4 1 x

```
T  7
A  8
   8
B  8
```

044

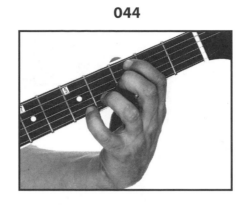

045

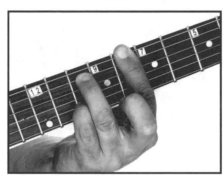

046

047

Cm7♭5

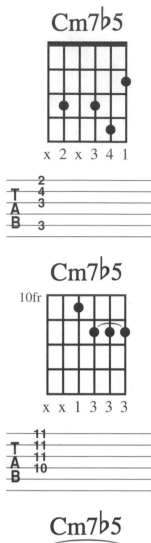

x 2 x 3 4 1

```
T  2
A  4
   3
B  3
```

Cm7♭5

10fr

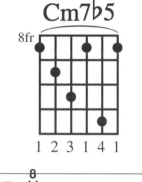

x x 1 3 3 3

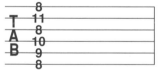

```
T  11
A  11
   11
B  10
```

Cm7♭5

8fr

1 2 3 1 4 1

```
T  8
   11
A  8
   10
B  9
   8
```

C°7

5fr

1 2 3 1 4 1

```
T  5
   7
A  5
   7
B  6
   5
```

048

049

050

051

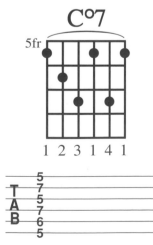

C°7

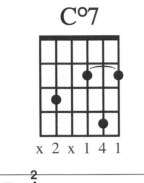

x 2 x 1 4 1

```
T    2
     4
     2
A
B    3
```

C7

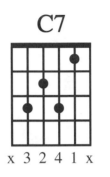

x 3 2 4 1 x

```
T    1
     3
A    2
B    3
```

C7

3fr

x 1 3 1 4 1

```
T    3
     5
A    3
     5
B    3
```

C7

3fr

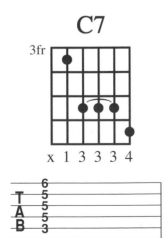

x 1 3 3 3 4

```
T    6
     5
A    5
     5
B    3
```

052

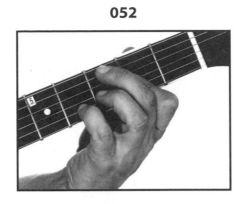

053

054

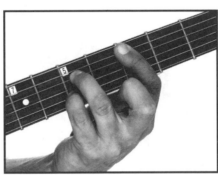

055

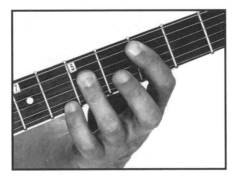

C7

8fr

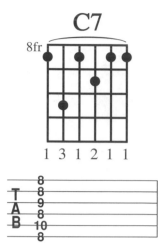

1 3 1 2 1 1

```
T  8
A  8
   9
B  8
   10
   8
```

C7

8fr

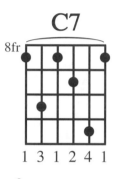

1 3 1 2 4 1

```
T  8
A  11
   9
B  8
   10
   8
```

C7

8fr

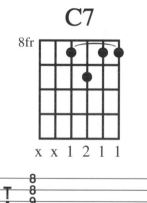

x x 1 2 1 1

```
T  8
A  8
   9
B  8
```

C7sus4

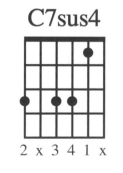

2 x 3 4 1 x

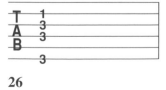

```
T  1
A  3
   3
B  3
```

056

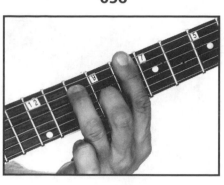

057

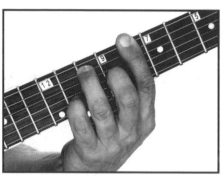

058

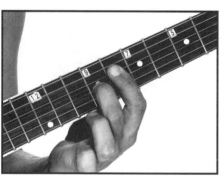

059

C7sus4

3fr

x 1 3 1 4 1

```
T   3
A   6
B   3
    5
    3
```

060

C7♭5

3fr

x 1 2 1 4 x

```
T   5
A   3
B   4
    3
```

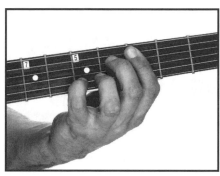

061

C7♭5

7fr

2 x 3 4 1 x

```
T   7
A   9
B   8
    8
```

062

C9

x 2 1 3 3 3

```
T   3
A   3
B   3
    3
    2
    3
```

063

C9

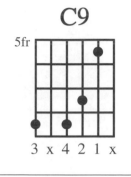

5fr

3 x 4 2 1 x

```
T   5
A   7
    8
B
    8
```

C9

8fr

1 3 1 2 1 4

```
T   10
    8
A   9
    8
B   10
    8
```

C9sus4

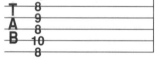

3fr

x 1 1 1 1 1

```
T   3
    3
A   3
    3
B   3
```

C9sus4

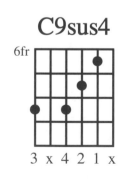

6fr

3 x 4 2 1 x

```
T   6
    7
A   8
B
    8
```

064

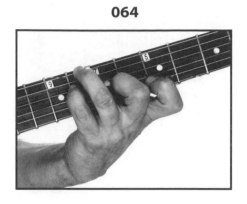

065

066

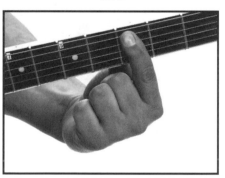

067

C13

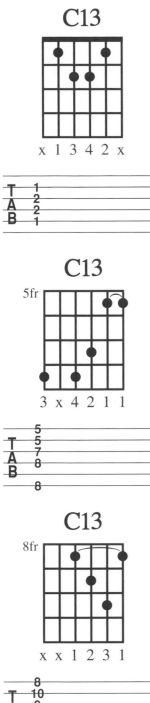

x 1 3 4 2 x

```
T  1
A  2
   2
B  1
```

C13

5fr

3 x 4 2 1 1

```
   5
T  5
   7
A  8
B
   8
```

C13

8fr

x x 1 2 3 1

```
   8
T  10
A  9
B  8
```

C13

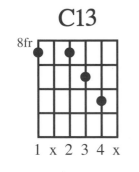
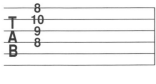

8fr

1 x 2 3 4 x

```
   10
T  9
A  8
B
   8
```

068

069

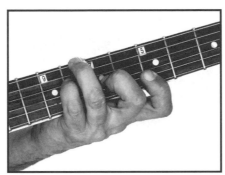

070

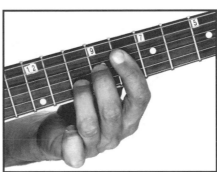

071

C+

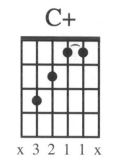

x 3 2 1 1 x

T	1
A	1
	2
B	3

C+

5fr
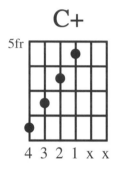

4 3 2 1 x x

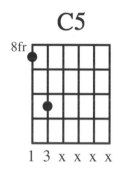

T	
A	5
	6
B	7
	8

C5

8fr

1 3 x x x x

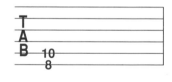

T	
A	
B	10
	8

C5

3fr
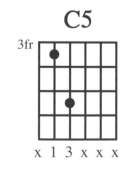

x 1 3 x x x

T	
A	
B	5
	3

072

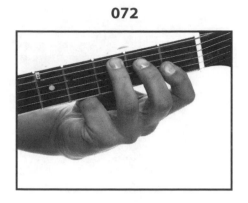

073

074

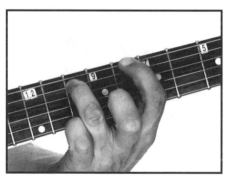

075

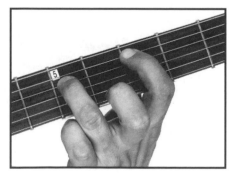

D

D

x 0 0 1 3 2

```
T  2
A  3
   2
B  0
   0
```

D

2fr

x x 3 1 2 4

```
T  5
A  3
   2
B  4
```

D

7fr

4 3 1 1 1 x

```
T  7
A  7
   7
B  9
   10
```

076

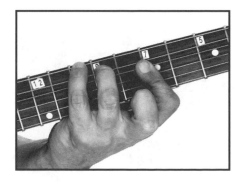

077

078

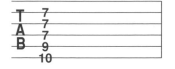

D

10fr

1 3 4 2 1 1

```
T  10
   10
A  11
   12
B  12
   10
```

D

2fr

x 4 3 1 2 1

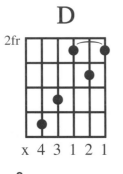
```
T  2
   3
A  2
   4
B  5
```

D

5fr

x 1 3 3 3 x

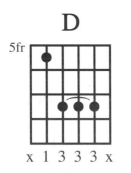
```
T  7
   7
A  7
B  5
```

Dsus4

x 0 0 1 3 4

```
T  3
   3
A  2
   0
B  0
```

079

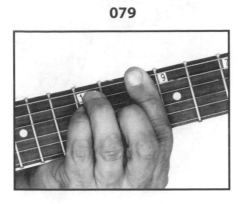

080

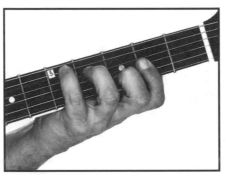

081

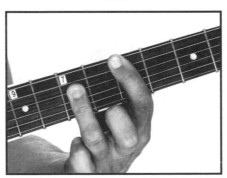

082

Dsus4

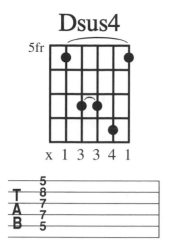

5fr

x 1 3 3 4 1

```
T  5
A  8
   7
B  7
   5
```

Dsus4

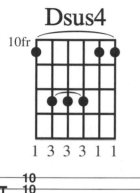

10fr

1 3 3 3 1 1

```
   10
T  10
A  12
   12
B  12
   10
```

Dsus4

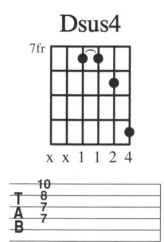

7fr

x x 1 1 2 4

```
   10
T  8
A  7
   7
B
```

Dsus2

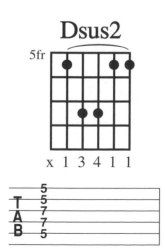

5fr

x 1 3 4 1 1

```
T  5
   5
A  7
   7
B  5
```

083

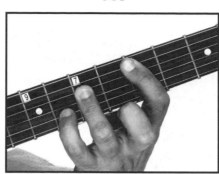

084

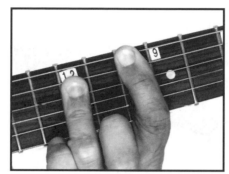

085

086

33

Dsus2

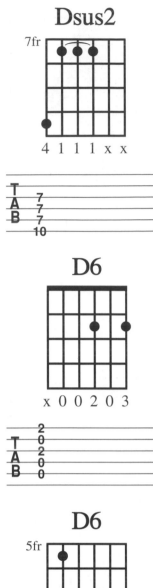

7fr

4 1 1 1 x x

```
T  7
A  7
B  7
   10
```

D6

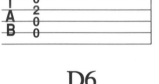

x 0 0 2 0 3

```
   2
   0
T  2
A  0
B  0
```

D6

5fr

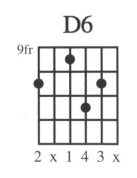

x 1 3 3 3 3

```
   7
   7
T  7
A  7
B  5
```

D6

9fr

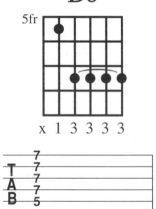

2 x 1 4 3 x

```
T  10
   11
A  9
B
   10
```

087

088

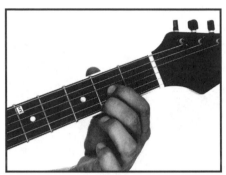

089

090

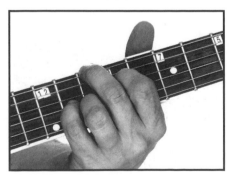

D6

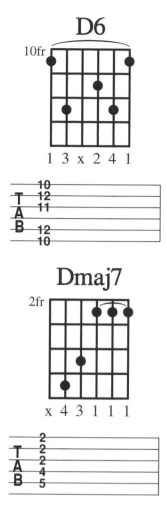

10fr

1 3 x 2 4 1

```
T   10
    12
A   11
    12
B   10
```

Dmaj7

2fr

x 4 3 1 1 1

```
T   2
    2
A   2
    4
B   5
```

Dmaj7

5fr

x 1 3 2 4 x

```
T   7
A   6
    7
B   5
```

Dmaj7

7fr

x x 1 1 1 3

```
T   9
A   7
    7
B   7
```

091

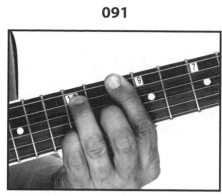

092

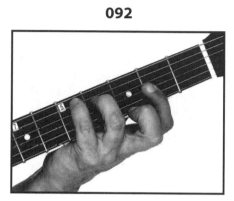

093

094

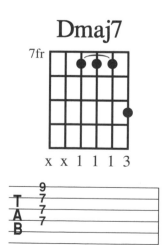

Dmaj7

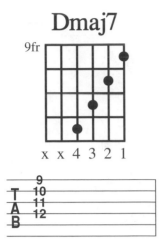

9fr

x x 4 3 2 1

```
T    9
A   10
B   11
    12
```

095

Dmaj7

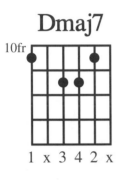

10fr

1 x 3 4 2 x

```
T   10
A   11
B   11
    10
```

096

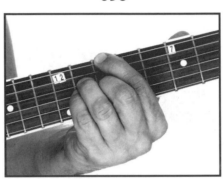

Dmaj9

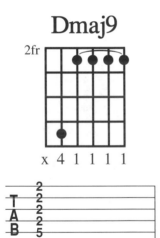

2fr

x 4 1 1 1 1

```
T    2
A    2
B    2
     2
     5
```

097

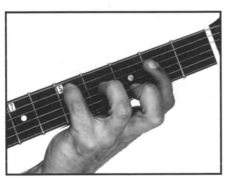

Dmaj9

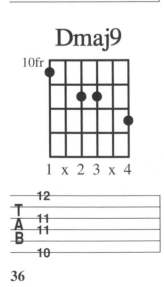

10fr

1 x 2 3 x 4

```
T   12
A   11
B   11
    10
```

098

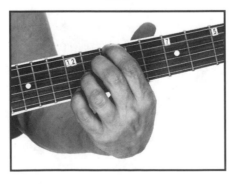

36

Dmaj13

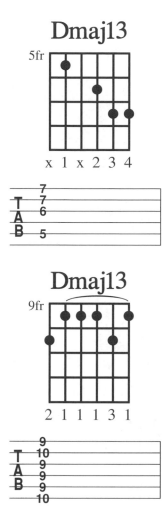

5fr

x 1 x 2 3 4

```
T    7
     7
A    6
B    5
```

Dmaj13

9fr

2 1 1 1 3 1

```
T    9
    10
A    9
     9
B    9
    10
```

Dm

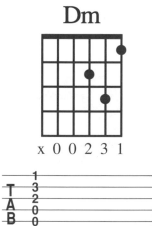

x 0 0 2 3 1

```
T    1
     3
A    2
     0
B    0
```

Dm

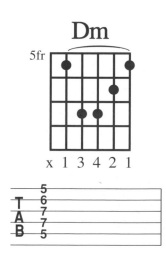

5fr

x 1 3 4 2 1

```
T    5
     6
A    7
     7
B    5
```

099

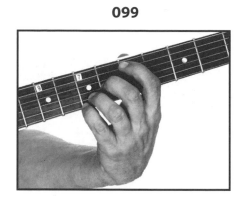

100

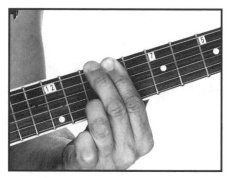

101

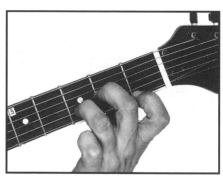

102

37

Dm

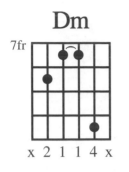

7fr

x 2 1 1 4 x

```
T  10
A  7
   7
B  8
```

Dm

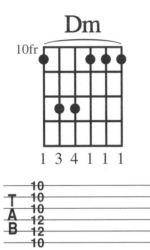

10fr

1 3 4 1 1 1

```
   10
T  10
A  10
   12
B  12
   10
```

Dm

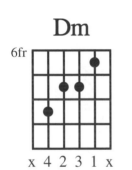

6fr

x 4 2 3 1 x

```
T  6
A  7
   7
B  8
```

Dm

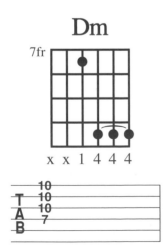

7fr

x x 1 4 4 4

```
   10
T  10
A  10
B  7
```

103

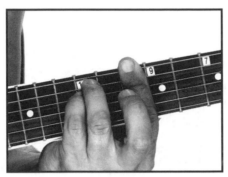

104

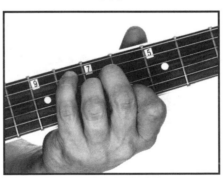

105

106

Dm

12fr

2 x 1 3 4 x

```
T  15
A  14
   12
B
   13
```

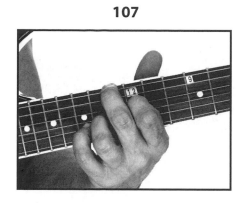

107

Dm6

x x 0 2 0 1

```
   1
T  0
   2
A  0
B
```

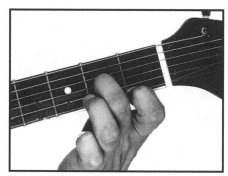

108

Dm6

3fr

x 3 1 2 1 4

```
   5
T  3
   4
A  3
B  5
```

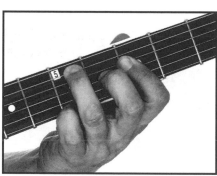

109

Dm6

5fr

x 1 3 x 2 4

```
   7
T  6
   7
A
B  5
```

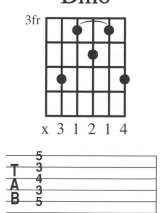

110

Dm6

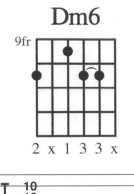

9fr

2 x 1 3 3 x

```
T  10
   10
A  9
B
   10
```

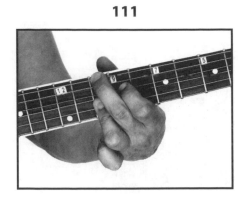

111

Dm7

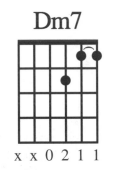

x x 0 2 1 1

```
   1
T  1
   2
A  0
B
```

112

Dm7

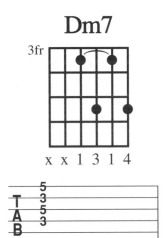

3fr

x x 1 3 1 4

```
   5
T  3
   5
A  3
B
```

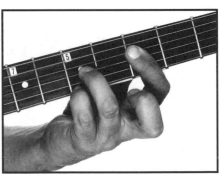

113

Dm7

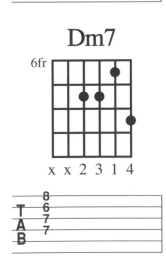

6fr

x x 2 3 1 4

```
   8
T  6
   7
A  7
B
```

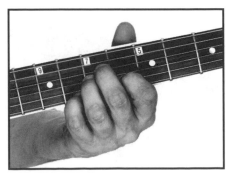

114

Dm7

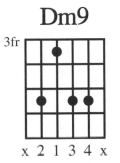

10fr

2 x 3 3 3 3

```
T  10
   10
A  10
B  10
   10
```

Dm9

3fr

x 2 1 3 4 x

```
T  5
   5
A  3
B  5
```

Dm9

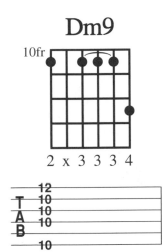

10fr

2 x 3 3 3 4

```
   12
T  10
   10
A  10
B
   10
```

Dm11

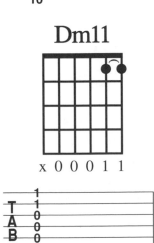

x 0 0 0 1 1

```
   1
T  1
   0
A  0
B  0
```

115

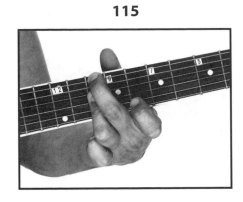

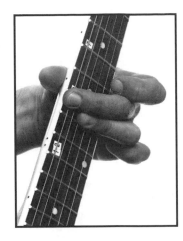

116

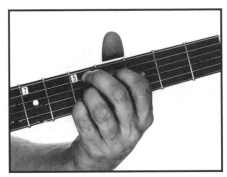

117

118

41

Dm11

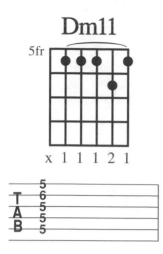

5fr

x 1 1 1 2 1

```
T    5
     6
A    5
B    5
```

Dm13

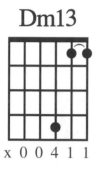

x 0 0 4 1 1

```
T    1
     1
A    4
B    0
     0
```

Dm13

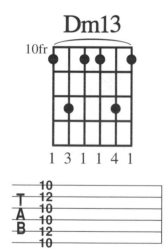

10fr

1 3 1 1 4 1

```
T    10
     12
A    10
     10
B    12
     10
```

Dm7♭5

x x 0 1 1 1

```
T    1
     1
A    1
B    0
```

119

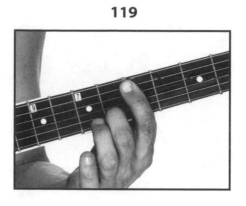

120

121

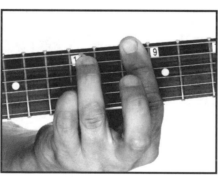

122

Dm7♭5

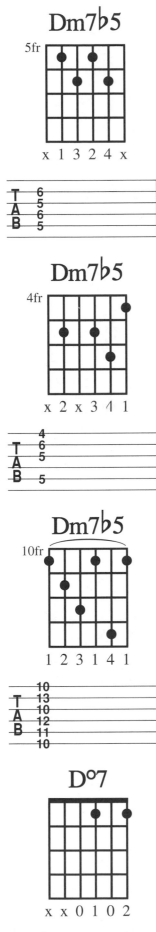

5fr

x 1 3 2 4 x

```
T  6
A  5
   6
B  5
```

Dm7♭5

4fr

x 2 x 3 4 1

```
   4
T  6
A  5
B  5
```

Dm7♭5

10fr

1 2 3 1 4 1

```
   10
T  13
   10
A  12
B  11
   10
```

D°7

x x 0 1 0 2

```
   1
T  0
   1
A  0
B
```

123

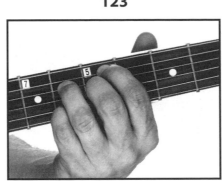

124

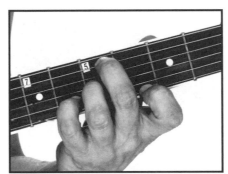

125

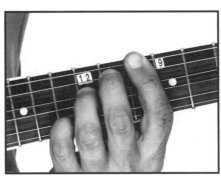

126

D°7

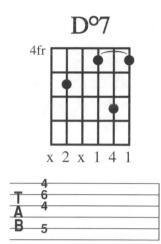

4fr

x 2 x 1 4 1

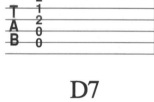

```
     4
  T  6
  A  4
  B  5
```

D7

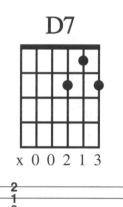

x 0 0 2 1 3

```
     2
  T  1
  A  2
     0
  B  0
```

D7

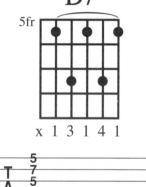

5fr

x 1 3 1 4 1

```
     5
  T  7
  A  5
     7
  B  5
```

D7

10fr

1 3 1 2 1 1

```
     10
  T  10
     11
  A  10
  B  12
     10
```

127

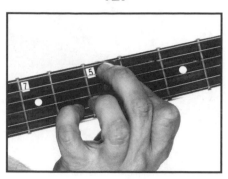

128

129

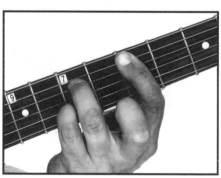

130

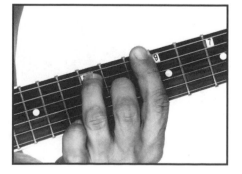

44

D7

3fr

x 3 2 4 1 x

```
T  3
A  5
   4
B  5
```

D7

5fr

x 1 3 3 3 4

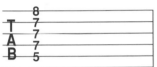

```
T  8
   7
A  7
   7
B  5
```

D7

7fr

x x 1 1 1 2

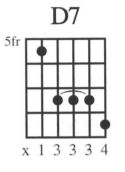

```
T  8
   7
A  7
   7
B
```

D7

10fr

1 3 1 2 4 1

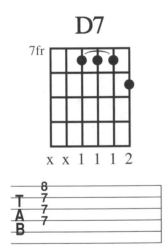

```
T  10
   13
A  11
   10
B  12
   10
```

131

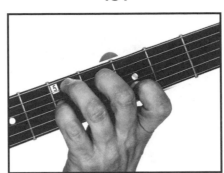

132

133

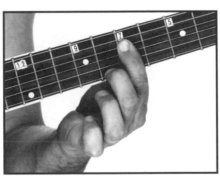

134

D7sus4

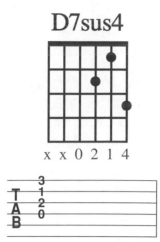

x x 0 2 1 4

```
T  3
A  1
   2
B  0
```

D7sus4

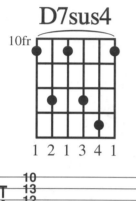

10fr

1 2 1 3 4 1

```
   10
T  13
A  12
   10
B  12
   10
```

D7♭5

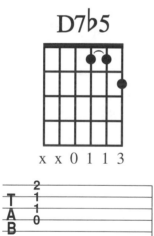

x x 0 1 1 3

```
   2
T  1
A  1
   0
B
```

D7♭5

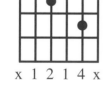

5fr

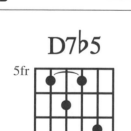

x 1 2 1 4 x

```
T  7
A  5
   6
B  5
```

135

136

137

138

46

D9

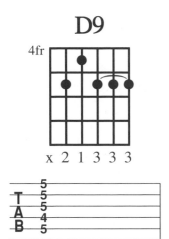
4fr

x 2 1 3 3 3

```
T  5
   5
A  5
   4
B  5
```

D9

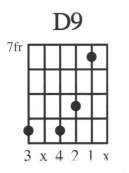
7fr

3 x 4 2 1 x

```
T  7
   9
A  10
B
   10
```

D9

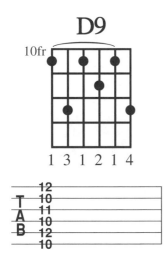
10fr

1 3 1 2 1 4

```
T  12
   10
A  11
   10
B  12
   10
```

D9sus4

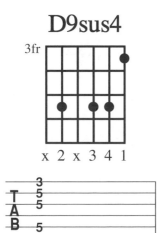
3fr

x 2 x 3 4 1

```
T  3
   5
A  5
B  5
```

139

140

141

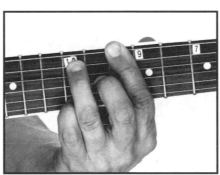

142

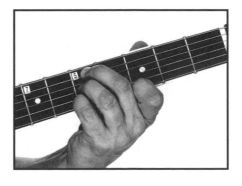

47

D9sus4

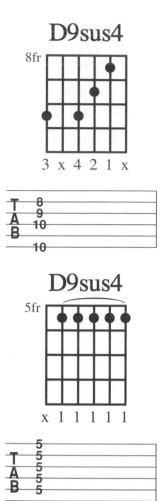

8fr

3 x 4 2 1 x

```
T   8
A   9
    10
B   10
```

D9sus4

5fr

x 1 1 1 1

```
T   5
    5
A   5
    5
B   5
```

D13

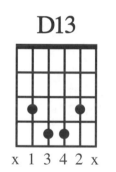

x 1 3 4 2 x

```
T   3
A   4
    4
B   3
```

D13

5fr

x 1 x 2 4 4

```
T   7
    7
A   5
B   5
```

143

144

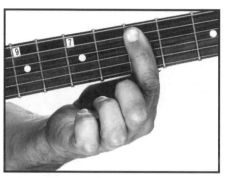

145

146

D13

7fr

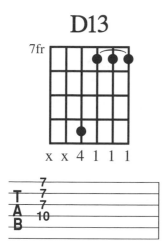

x x 4 1 1 1

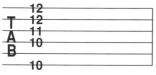
```
T  7
   7
A  7
   10
B
```

D13

10fr

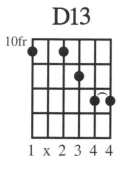

1 x 2 3 4 4

```
T  12
   12
A  11
   10
B
   10
```

D+

3fr

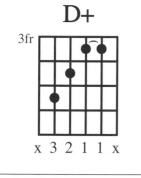

x 3 2 1 1 x

```
T  3
A  3
   4
B  5
```

D+

7fr

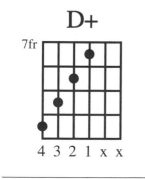

4 3 2 1 x x

```
T  7
A  8
B  9
   10
```

147

148

149

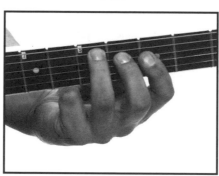

150

D5

10fr

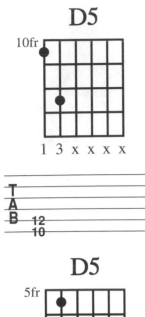

1 3 x x x

```
T
A
B  12
   10
```

D5

5fr

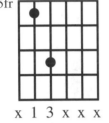

x 1 3 x x x

```
T
A
B  7
   5
```

151

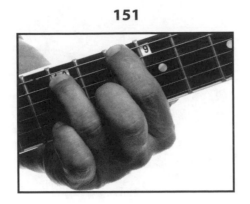

152

E

E

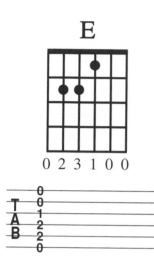

0 2 3 1 0 0

```
T   0
A   0
    1
B   2
    2
    0
```

E

2fr

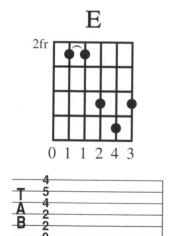

0 1 1 2 4 3

```
T   4
A   5
    4
B   2
    2
    0
```

E

9fr

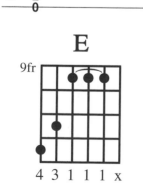

4 3 1 1 1 x

```
T   9
A   9
    9
B   11
    12
```

153

154

155

E

4fr

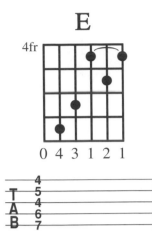

0 4 3 1 2 1

```
T  4
A  5
   4
B  6
   7
   0
```

E

7fr

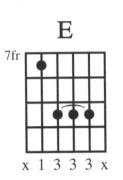

x 1 3 3 3 x

```
T  9
A  9
   9
B  7
```

E

9fr

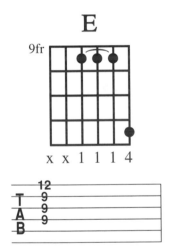

x x 1 1 1 4

```
T  12
A  9
   9
B  9
```

Esus4

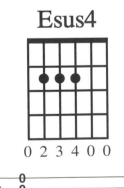

0 2 3 4 0 0

```
T  0
A  0
   2
B  2
   2
   0
```

156

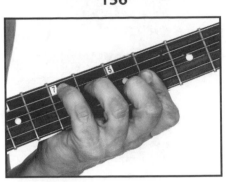

157

158

159

Esus4

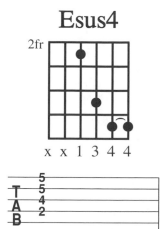

2fr

x x 1 3 4 4

```
T   5
    5
    4
A   2
T
A
B
```

Esus4

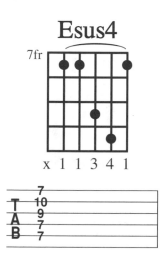

7fr

x 1 1 3 4 1

```
    7
T   10
    9
A   7
B   7
```

Esus2

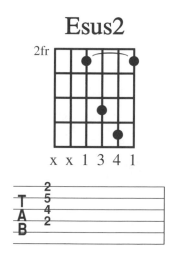

2fr

x x 1 3 4 1

```
    2
T   5
    4
A   2
B
```

Esus2

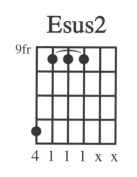

9fr

4 1 1 1 x x

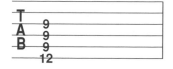

```
T
A   9
    9
B   9
    12
```

160

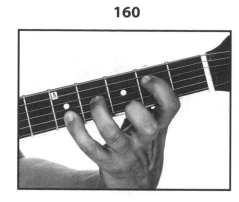

161

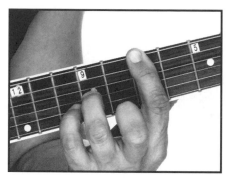

162

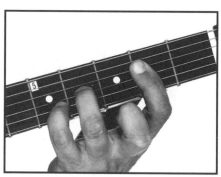

163

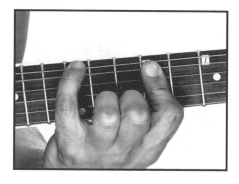

Esus2

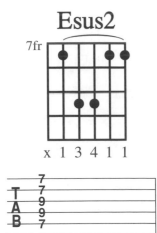

7fr

x 1 3 4 1 1

```
T  7
   7
A  9
   9
B  7
```

E6

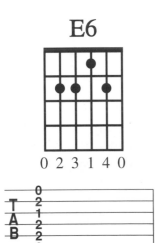

0 2 3 1 4 0

```
   0
T  2
   1
A  2
   2
B  0
```

E6

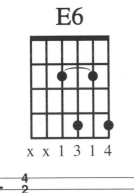

x x 1 3 1 4

```
   4
T  2
   4
A  2
B
```

E6

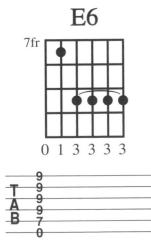

7fr

0 1 3 3 3 3

```
   9
T  9
   9
A  9
   7
B  0
```

164

165

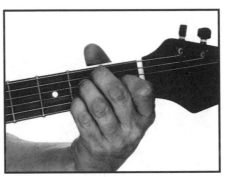

166

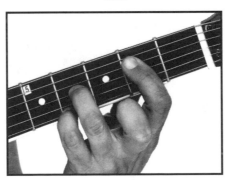

167

54

Emaj7

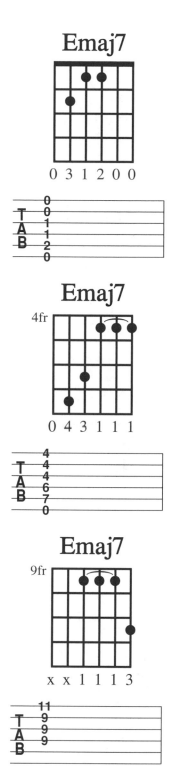

0 3 1 2 0 0

```
T---0---
----0---
A---1---
----1---
B---2---
----0---
```

Emaj7

4fr

0 4 3 1 1 1

```
T---4---
----4---
A---4---
----6---
B---7---
----0---
```

Emaj7

9fr

x x 1 1 1 3

```
T---11--
----9---
A---9---
----9---
B-------
```

Emaj7

11fr

x x 4 3 2 1

```
T---11--
----12--
A---13--
----14--
B-------
```

168

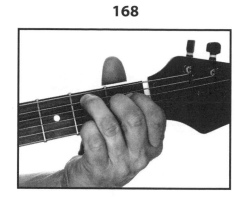

169

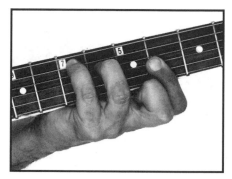

170

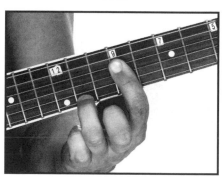

171

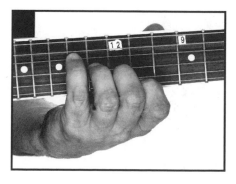

Emaj9

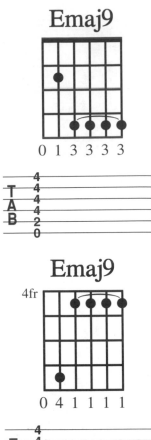

```
    0 1 3 3 3 3
T       4
A       4
B       4
        4
        2
        0
```

Emaj9

4fr

```
    0 4 1 1 1 1
T       4
A       4
B       4
        4
        7
        0
```

Emaj13

```
    0 2 1 1 3 3
T       2
A       2
B       1
        1
        2
        0
```

Emaj13

11fr

```
    2 1 1 1 3 1
T      11
A      12
B      11
       11
       11
       12
```

172

173

174

175

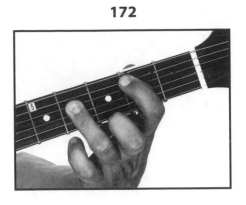

Em

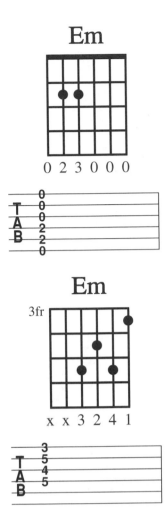

0 2 3 0 0 0

```
T  0
A  0
   0
   0
B  2
   2
   0
```

Em

3fr

x x 3 2 4 1

```
T  3
A  5
   4
   5
B
```

Em

7fr

x 1 3 4 2 1

```
T  7
A  8
   9
   9
B  7
```

Em

9fr

x x 1 4 4 4

```
T  12
A  12
   12
   9
B
```

176

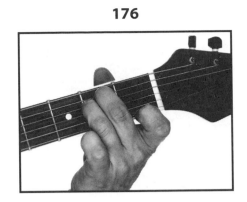

177

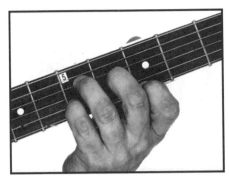

178

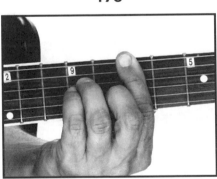

179

Em

2fr

x x 1 3 4 2

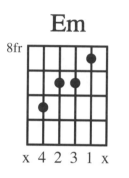

```
T    3
     5
A    4
     2
B
```

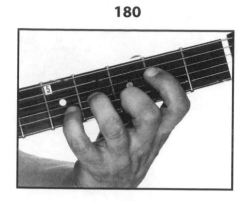
180

Em

8fr

x 4 2 3 1 x

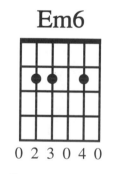

```
T    8
     9
A    9
B    10
```

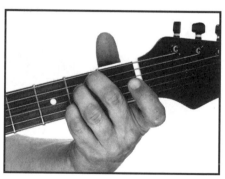
181

Em6

0 2 3 0 4 0

```
     0
     2
T    0
     2
A    2
B    2
     0
```

182

Em6

5fr

0 3 1 2 1 4

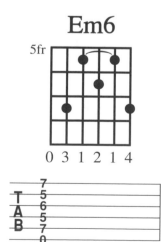

```
     7
T    5
     6
A    5
B    7
     0
```

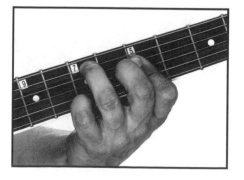
183

58

Em6

6fr

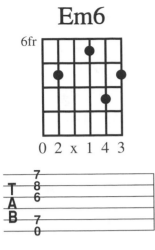

0 2 x 1 4 3

```
T    7
     8
     6
TAB
B    7
     0
```

Em6

11fr

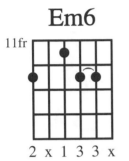

2 x 1 3 3 x

```
T    12
     12
     11
TAB
B    12
```

Em7

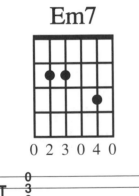

0 2 3 0 4 0

```
T    0
     3
     0
TAB 2
B    2
     0
```

Em7

4fr

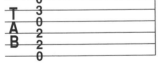

0 2 3 1 4 0

```
T    0
     5
     4
TAB 5
B    5
     0
```

184

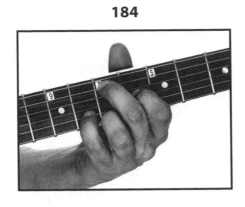

185

186

187

Em7

7fr

0 1 3 1 2 1

```
T 7
A 8
  7
B 9
  7
  0
```

Em7

12fr

2 x 3 3 3 3

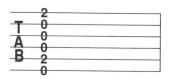

```
  12
T 12
A 12
B 12
  12
```

Em9

0 2 0 0 0 3

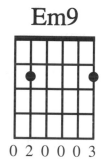

```
T 2
A 0
  0
  0
B 2
  0
```

Em9

5fr

0 2 1 3 4 0

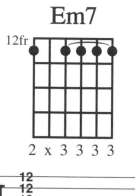

```
  0
T 7
A 7
B 5
  7
  0
```

188

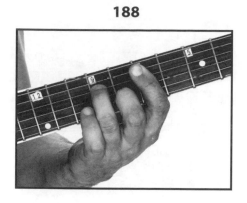

189

190

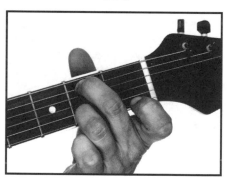

191

Em11

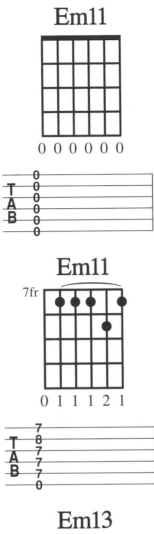

0 0 0 0 0 0

```
T  0
A  0
   0
B  0
   0
```

Em11

7fr

0 1 1 1 2 1

```
T  7
A  8
   7
B  7
   0
```

Em13

0 2 0 0 3 4

```
T  2
A  2
   0
B  0
   2
   0
```

Em13

7fr

0 1 x 2 3 4

```
T  9
A  8
   7
B  7
   0
```

192

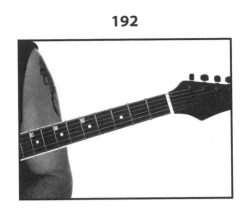

193

194

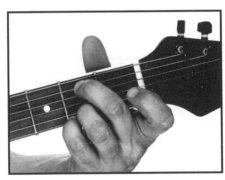

195

Em7♭5

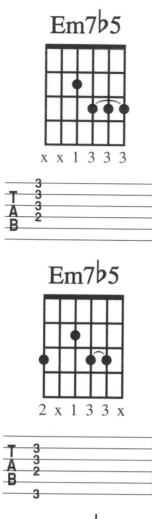

x x 1 3 3 3

```
T    3
     3
A    3
     2
B
```

Em7♭5

2 x 1 3 3 x

```
T    3
     3
A    2
B    3
```

Em7♭5

6fr

x 2 x 3 4 1

```
T    6
     8
A    7
B    7
```

Em7♭5

7fr

x 1 3 2 4 x

```
T    8
     7
A    8
B    7
```

196

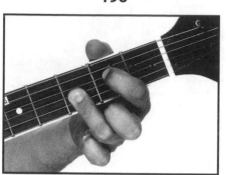

197

198

199

E°7

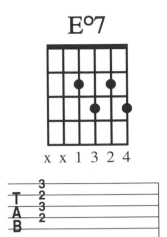

x x 1 3 2 4

```
T  3
A  2
   3
B  2
```

200

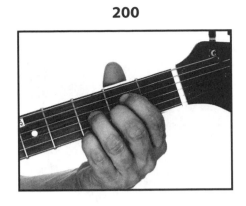

E°7

11fr

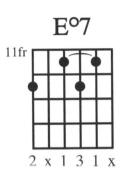

2 x 1 3 1 x

```
T  11
A  12
   11
B
   12
```

201

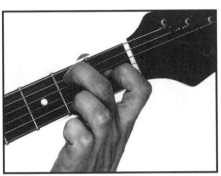

E7

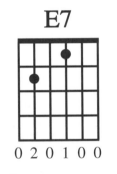

0 2 0 1 0 0

```
   0
   0
T  1
A  2
B  0
```

202

E7

7fr

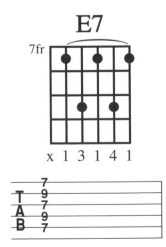

x 1 3 1 4 1

```
   7
T  9
   7
A  9
B  7
```

203

E7

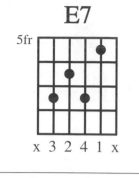

5fr

x 3 2 4 1 x

```
T  5
A  7
B  6
   7
```

E7

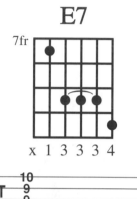

7fr

x 1 3 3 3 4

```
   10
T  9
A  9
B  9
   7
```

E7

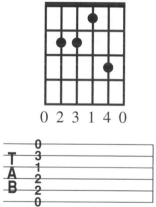

0 2 3 1 4 0

```
   0
T  3
A  1
B  2
   2
   0
```

E7sus4

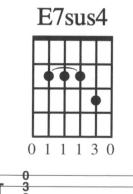

0 1 1 1 3 0

```
   0
T  3
A  2
B  2
   2
   0
```

204

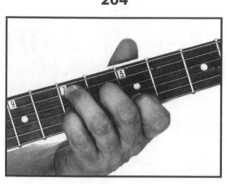

205

206

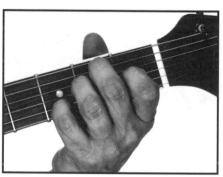

207

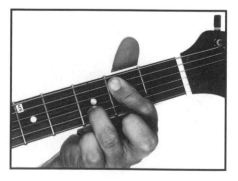

64

E7sus4

7fr

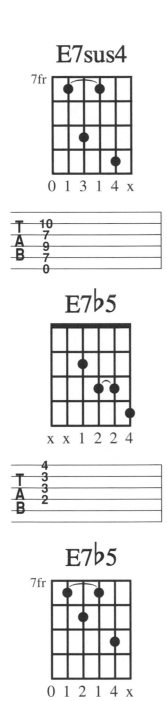

0 1 3 1 4 x

```
T  10
   7
A  9
   7
B
   0
```

E7♭5

x x 1 2 2 4

```
   4
T  3
   3
A  2
B
```

E7♭5

7fr

0 1 2 1 4 x

```
T  9
   7
A  8
   7
B
   0
```

E9

0 2 0 1 0 3

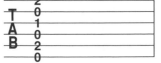

```
   2
   0
T  1
   0
A  2
B  0
```

208

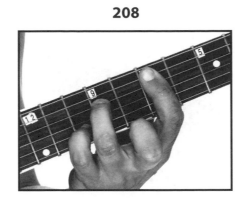

209

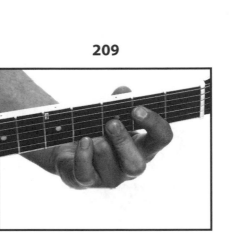

210

211

E9

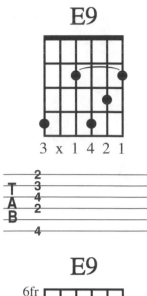

```
    3  x  1  4  2  1
```

```
T  2
A  3
B  4
   2
   4
```

E9

6fr

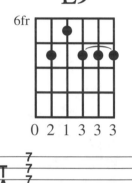

```
    0  2  1  3  3  3
```

```
T  7
A  7
B  7
   6
   7
   0
```

E9

9fr

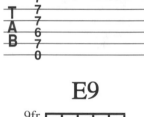

```
    3  x  4  2  1  0
```

```
T  0
A  9
B  11
   12
   12
```

E9sus4

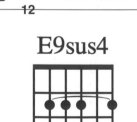

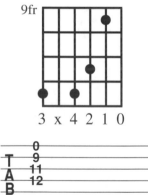

```
    0  1  1  1  2  1
```

```
T  2
A  3
B  2
   2
   2
   0
```

212

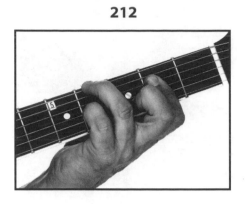

213

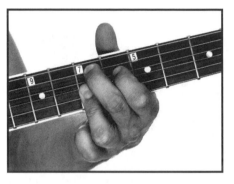

214

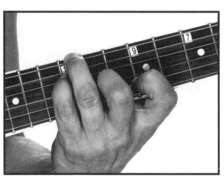

215

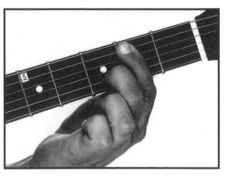

E9sus4

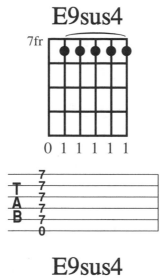

7fr

0 1 1 1 1 1

```
T    7
     7
     7
A    7
B    7
     0
```

E9sus4

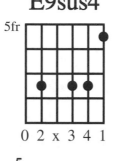

5fr

0 2 x 3 4 1

```
     5
T    7
     7
A
B    7
     0
```

E9sus4

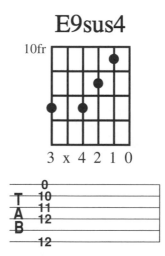

10fr

3 x 4 2 1 0

```
     0
T    10
     11
A    12
B
     12
```

E13

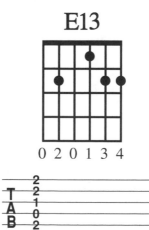

0 2 0 1 3 4

```
     2
T    2
     1
A    0
B    2
     0
```

216

217

218

219

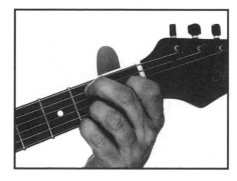

E13

5fr

0 1 3 4 2 x

```
T  5
A  6
   6
B  5
   0
```

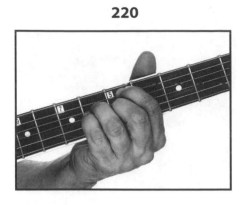

220

E13

7fr

0 1 x 2 4 4

```
T  9
A  9
   7
B  7
   0
```

221

E+

5fr

x 3 2 1 1 x

```
T  5
A  5
   6
B  7
```

222

E+

2fr

x x 1 3 4 2

```
T  4
A  5
   5
B  2
```

223

68

E5

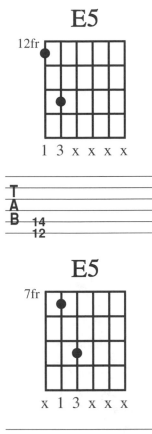

12fr

1 3 x x x

```
T
A
B  14
   12
```

E5

7fr

x 1 3 x x x

```
T
A
B  9
   7
```

224

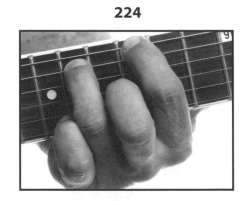

225

F

F

1 3 4 2 1 1

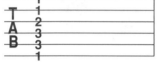

```
T  1
A  1
   2
B  3
   3
   1
```

F

5fr

x 4 3 1 2 1

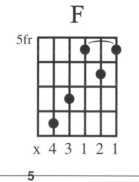

```
T  5
A  6
   5
B  7
   8
```

F

10fr

x x 1 1 1 4

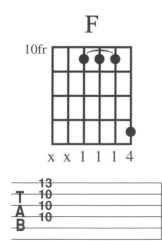

```
   13
T  10
A  10
B  10
```

226

227

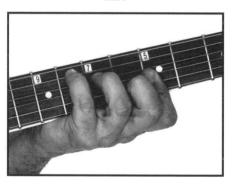

228

70

F

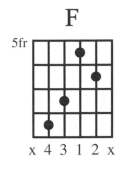

5fr

x 4 3 1 2 x

```
T  8
   7
A  9
B  8
```

F

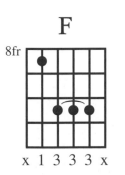

8fr

x 1 3 3 3 x

```
T  10
   10
A  10
B  8
```

F

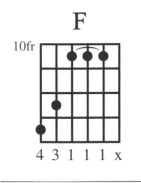

10fr

4 3 1 1 1 x

```
T  10
   10
A  10
B  12
   13
```

Fsus4

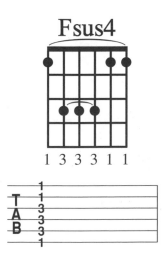

1 3 3 3 1 1

```
T  1
   1
A  3
B  3
   3
   1
```

229

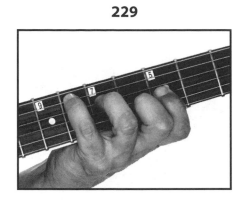

230

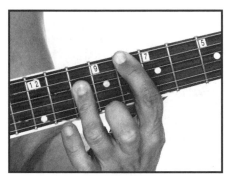

231

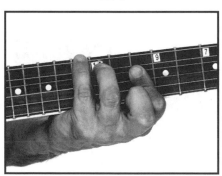

232

71

Fsus4

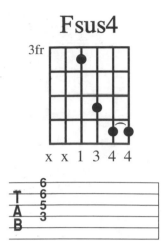

3fr

x x 1 3 4 4

```
T--6--
--6--
A-5--
--3--
B----
```

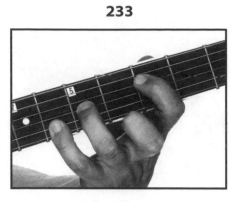

233

Fsus4

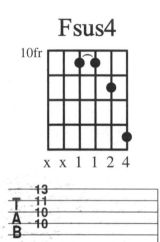

10fr

x x 1 1 2 4

```
T-13--
-11--
A-10--
-10--
B----
```

234

Fsus2

8fr

x 1 3 4 1 1

```
--8--
T--8--
A-10--
-10--
B--8--
```

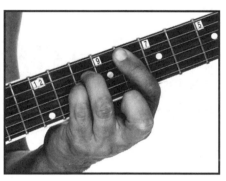

235

Fsus2

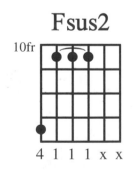

10fr

4 1 1 1 x x

```
T-10--
A-10--
B-10--
-13--
```

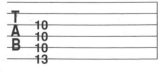

236

F6

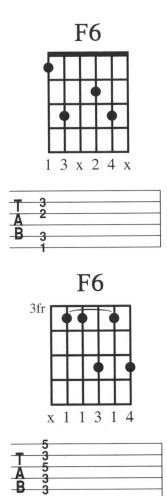

1 3 x 2 4 x

```
T   3
A   2
B   3
    1
```

F6

3fr

x 1 1 3 1 4

```
T   5
A   3
    5
B   3
    3
```

Fmaj7

1 x 3 4 2 x

```
T   1
A   2
    2
B   1
```

Fmaj7

3fr

x x 1 3 3 3

```
T   5
A   5
    5
B   3
```

237

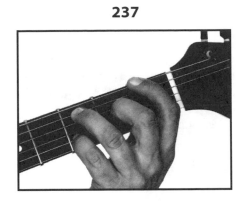

238

239

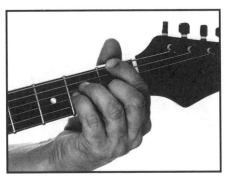

240

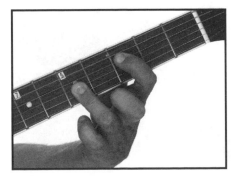

Fmaj7

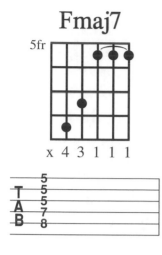

5fr

x 4 3 1 1 1

```
T  5
   5
A  5
   7
B  8
```

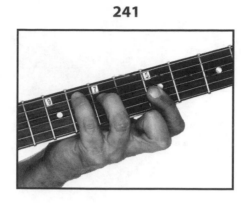

241

Fmaj7

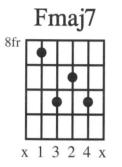

8fr

x 1 3 2 4 x

```
T  10
   9
A  10
B  8
```

242

Fmaj7

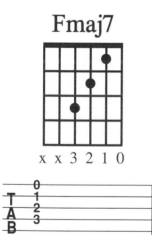

x x 3 2 1 0

```
T  0
   1
A  2
   3
B
```

243

Fmaj7

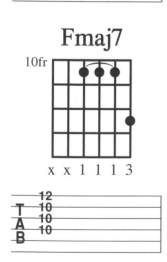

10fr

x x 1 1 1 3

```
T  12
   10
A  10
B  10
```

244

Fmaj9

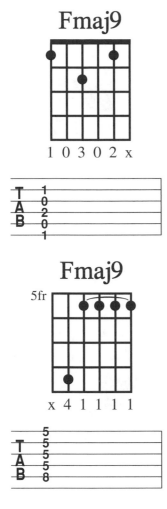

1 0 3 0 2 x

```
T  1
A  0
   2
B  0
   1
```

Fmaj9

5fr

x 4 1 1 1 1

```
   5
T  5
A  5
   5
B  8
```

Fmaj13

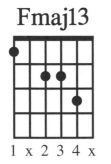

1 x 2 3 4 x

```
T  4
A  3
   2
B
   1
```

Fmaj13

12fr

2 1 1 1 3 1

```
   12
T  13
A  12
   12
B  12
   13
```

245

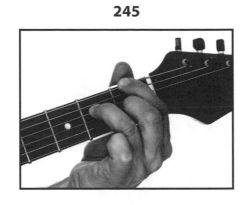

246

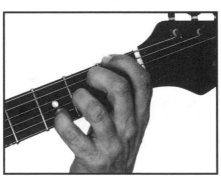

247

248

Fm

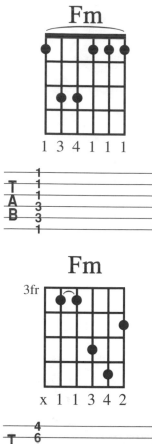

1 3 4 1 1 1

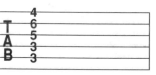

```
T  1
   1
A  1
   3
B  3
   1
```

Fm

3fr

x 1 1 3 4 2

```
   4
T  6
   5
A  3
B  3
```

Fm

9fr

x 4 2 3 1 x

```
T  9
   10
A  10
B  11
```

Fm

4fr

x x 3 2 4 1

```
T  4
   6
A  5
B  6
```

249

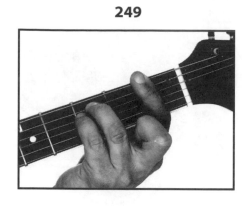

250

251

252

Fm

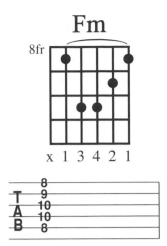

8fr

x 1 3 4 2 1

```
T  8
   9
A  10
   10
B  8
```

Fm

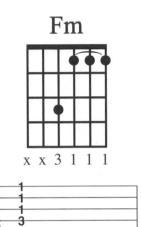

x x 3 1 1 1

```
T  1
   1
A  1
   3
B
```

Fm6

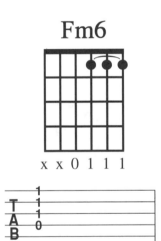

x x 0 1 1 1

```
T  1
   1
A  1
   0
B
```

Fm6

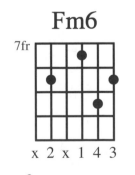

7fr

x 2 x 1 4 3

```
T  8
   9
A  7
B  8
```

253

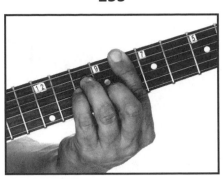

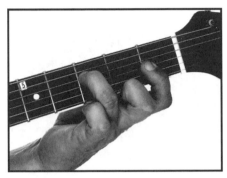

254

255

001

Fm6

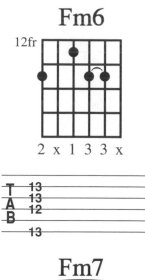

12fr

2 x 1 3 3 x

```
T  13
A  13
   12
B
   13
```

Fm7

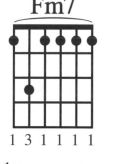

1 3 1 1 1 1

```
T  1
A  1
   1
   1
B  3
   1
```

Fm7

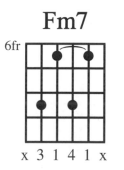

6fr

x 3 1 4 1 x

```
T  6
A  8
   6
B  8
```

Fm7

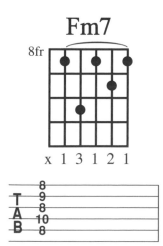

8fr

x 1 3 1 2 1

```
T  8
A  9
   8
   8
B  10
   8
```

002

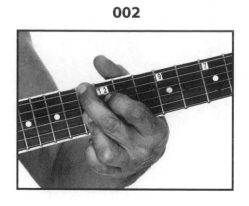

003

004

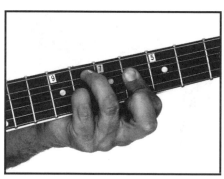

005

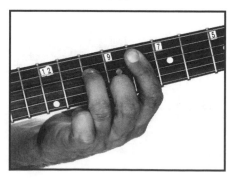

Fm7

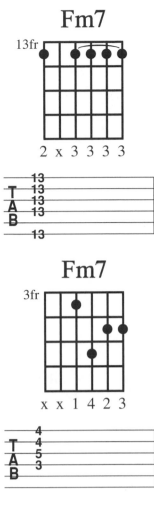

13fr

2 x 3 3 3 3

```
T  13
A  13
   13
B  13
   13
```

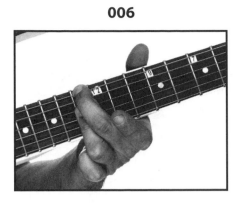

006

Fm7

3fr

x x 1 4 2 3

```
T  4
A  4
   5
B  3
```

007

Fm7

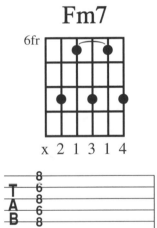

6fr

x 2 1 3 1 4

```
T  8
A  6
   8
B  6
   8
```

008

Fm9

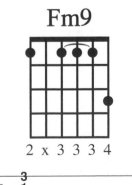

2 x 3 3 3 4

```
T  3
A  1
   1
B  1
   1
```

009

79

Fm9

6fr

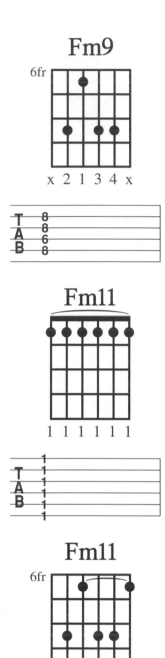

x 2 1 3 4 x

```
T  8
A  8
   6
B  8
```

Fm11

1 1 1 1 1 1

```
T  1
   1
A  1
   1
B  1
   1
```

Fm11

6fr

x 2 1 3 4 1

```
T  6
   8
A  8
   6
B  8
```

Fm13

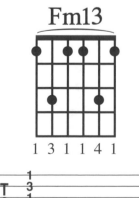

1 3 1 1 4 1

```
T  1
   3
A  1
   1
B  3
   1
```

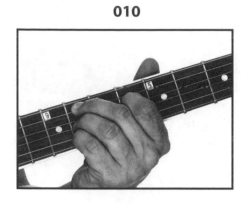

010

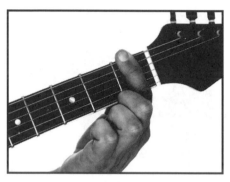

011

012

013

80

Fm13

6fr

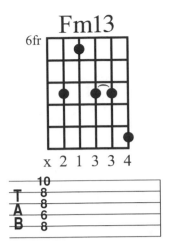

x 2 1 3 3 4

```
T   10
    8
A   8
    6
B   8
```

Fm7♭5

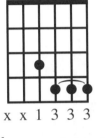

x x 1 3 3 3

```
T   4
    4
A   4
B   3
```

Fm7♭5

8fr

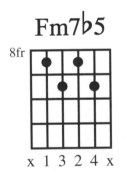

x 1 3 2 4 x

```
T   9
    8
A   9
B   8
```

Fm7♭5

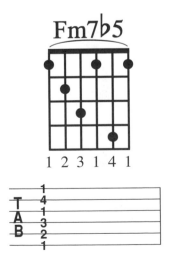

1 2 3 1 4 1

```
T   1
    4
A   1
    3
B   2
    1
```

014

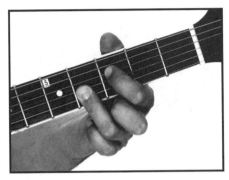

015

016

017

81

Fm7♭5

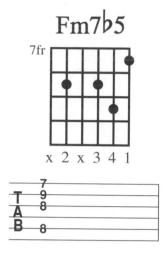

7fr

x 2 x 3 4 1

```
T  7
A  9
   8
B  8
```

F°7

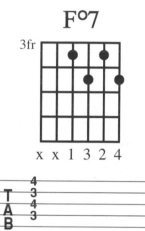

3fr

x x 1 3 2 4

```
T  4
A  3
   4
B  3
```

F°7

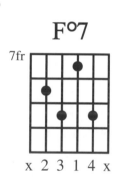

7fr

x 2 3 1 4 x

```
T  9
A  7
   9
B  8
```

F7

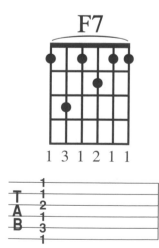

1 3 1 2 1 1

```
T  1
A  1
   2
B  1
   3
   1
```

018

019

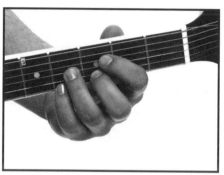

020

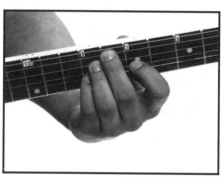

021

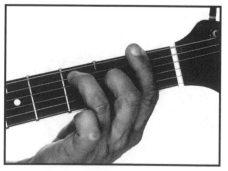

82

F7

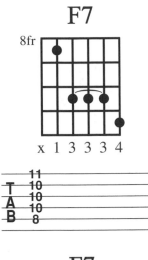

8fr

x 1 3 3 3 4

```
T  11
   10
A  10
   10
B  8
```

F7

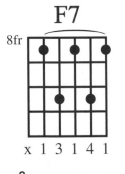

8fr

x 1 3 1 4 1

```
   8
T  10
   8
A  10
B  8
```

F7

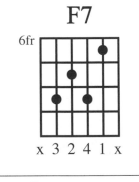

6fr

x 3 2 4 1 x

```
T  6
   8
A  7
B  8
```

F7

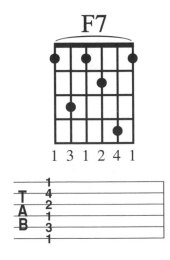

1 3 1 2 4 1

```
   1
T  4
   2
A  1
B  3
   1
```

022

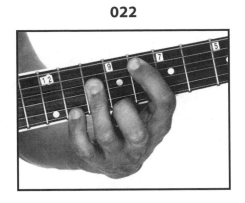

023

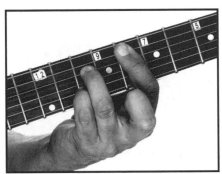

024

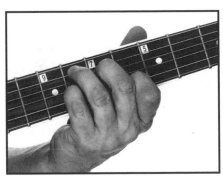

025

F7

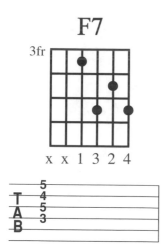

3fr

x x 1 3 2 4

```
T  5
A  4
   5
   3
B
```

F7sus4

1 3 1 4 1 1

```
T  1
A  1
   1
   4
   1
B  3
   1
```

F7sus4

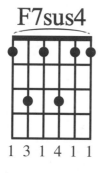

8fr

x 1 3 1 4 x

```
T  11
A  8
   10
B  8
```

F7♭5

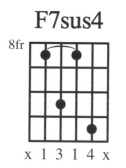

1 x 2 3 0 x

```
T  0
A  2
   1
B  1
```

84

026

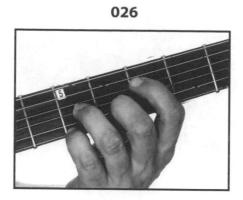

027

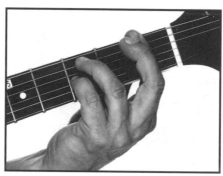

028

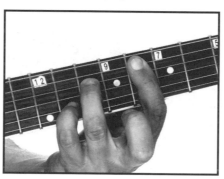

029

F7♭5

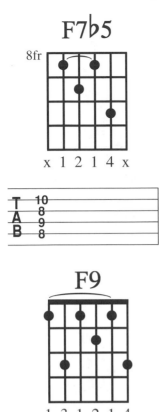

8fr

x 1 2 1 4 x

```
T  10
A   8
    9
B   8
```

F9

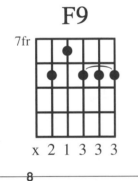

1 3 1 2 1 4

```
    3
T   1
    2
A   1
B   3
    1
```

F9

7fr

x 2 1 3 3 3

```
    8
T   8
    8
A   7
B   8
```

F9

10fr

3 x 4 2 1 x

```
T  10
   12
A  13
B
   13
```

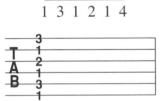
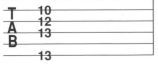

030

031

032

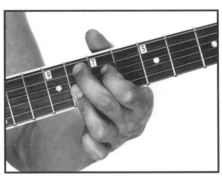

033

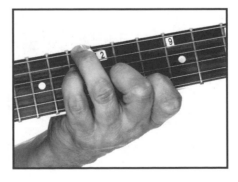

F9sus4

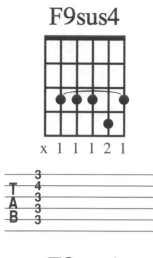

x 1 1 1 2 1

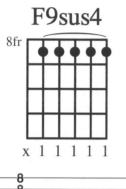

```
T    3
     4
A    3
     3
B    3
```

F9sus4

8fr

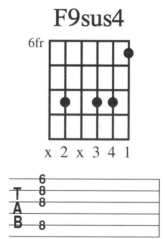

x 1 1 1 1 1

```
T    8
     8
A    8
     8
B    8
```

F9sus4

6fr

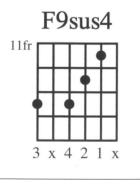

x 2 x 3 4 1

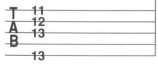

```
T    6
     8
A    8
B    8
```

F9sus4

11fr

3 x 4 2 1 x

```
T    11
     12
A    13
B
     13
```

034

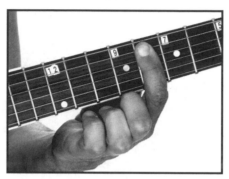

035

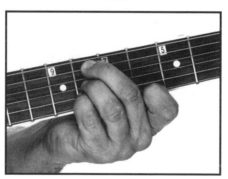

036

037

F13

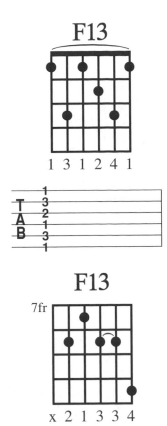

1 3 1 2 4 1

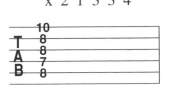

```
T---1-----------
----3-----------
A---2-----------
----1-----------
B---3-----------
----1-----------
```

F13

7fr

x 2 1 3 3 4

```
----10----------
T---8-----------
----8-----------
A---7-----------
B---8-----------
```

F13

13fr

1 x 2 3 4 4

```
----15----------
T---15----------
----14----------
A---13----------
B---------------
----13----------
```

F+

6fr

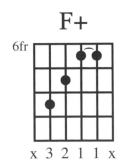

x 3 2 1 1 x

```
T---6-----------
----6-----------
A---7-----------
B---8-----------
```

038

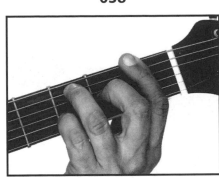

039

040

041

87

F+

3fr

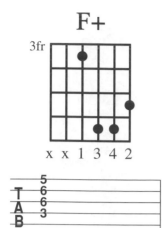

x x 1 3 4 2

```
T ----5----
A ----6----
  ----6----
B ----3----
  ---------
```

F5

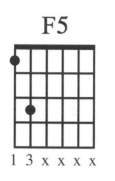

1 3 x x x x

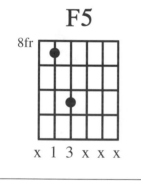
```
T ---------
A ---------
B ----3----
  ----1----
```

F5

8fr

x 1 3 x x x

```
T ---------
A ----10---
B ----8----
```

042

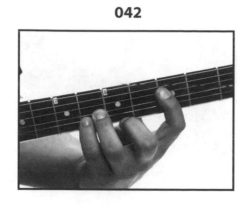

043

044

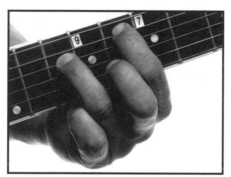

88

G

G

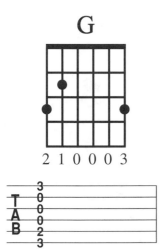

2 1 0 0 0 3

```
    3
T   0
A   0
B   2
    3
```

G

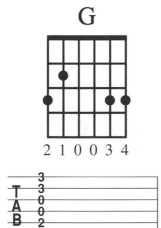

2 1 0 0 3 4

```
    3
T   3
A   0
    0
B   2
    3
```

G

7fr

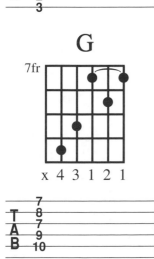

x 4 3 1 2 1

```
    7
T   8
A   7
B   9
    10
```

045

046

047

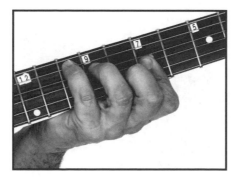

G

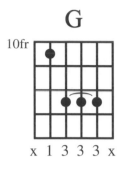

10fr

x 1 3 3 3 x

```
T  12
   12
A  12
B  10
```

G

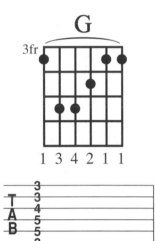

3fr

x 1 3 4 2 1 1

```
   3
T  3
   4
A  5
B  5
   3
```

G

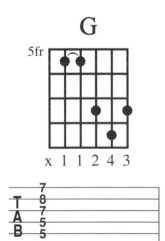

5fr

x 1 1 2 4 3

```
   7
T  8
   7
A  5
B  5
```

G

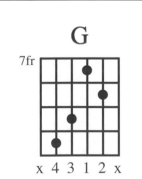

7fr

x 4 3 1 2 x

```
T  8
   7
A  9
B  10
```

048

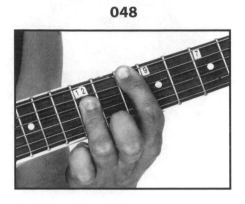

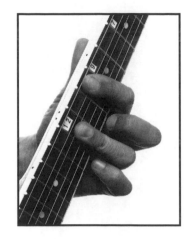

049

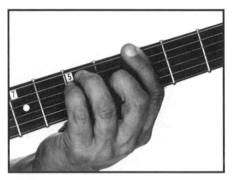

050

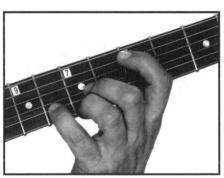

051

90

Gsus4

3fr

1 3 3 3 1 1

```
T  3
   3
A  5
   5
B  5
   3
```

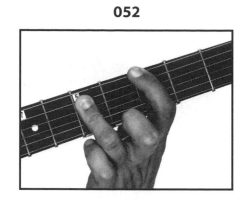

052

Gsus4

x x 0 0 1 3

```
T  3
   1
A  0
B  0
```

053

Gsus2

10fr

x 1 3 4 1 1

```
T  10
   10
A  12
   12
B  10
```

054

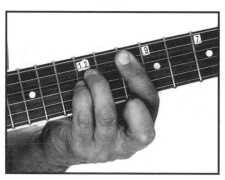

Gsus2

5fr

x x 1 3 4 1

```
T  5
   8
A  7
B  5
```

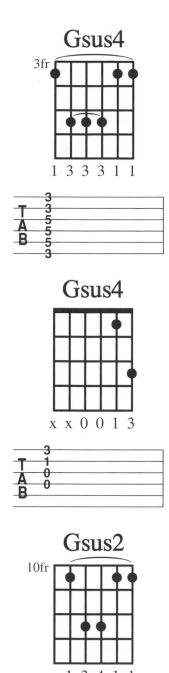

055

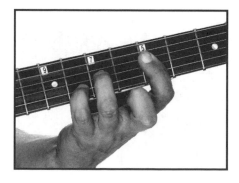

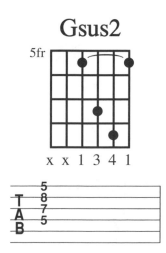

G6

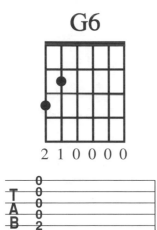

2 1 0 0 0 0

```
T   0
A   0
    0
B   0
    2
    3
```

G6

3fr

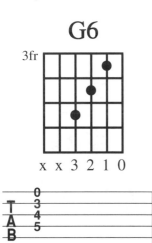

x x 3 2 1 0

```
T   0
A   3
    4
B   5
```

G6

3fr

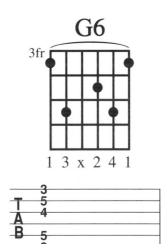

1 3 x 2 4 1

```
T   3
A   5
    4
B   5
    3
```

G6

10fr

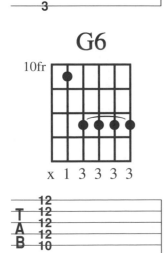

x 1 3 3 3 3

```
T   12
A   12
    12
B   12
    10
```

056

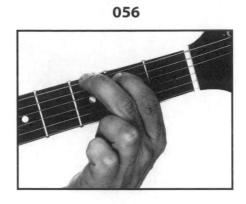

057

058

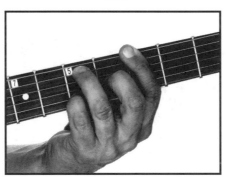

059

Gmaj7

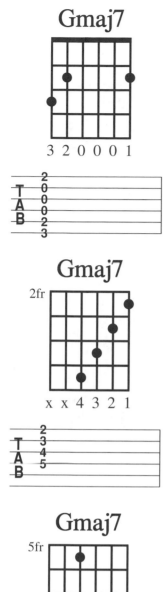

3 2 0 0 0 1

```
T  2
   0
A  0
   0
B  2
   3
```

Gmaj7

2fr

x x 4 3 2 1

```
T  2
   3
A  4
   5
B
```

Gmaj7

5fr

x x 1 3 3 3

```
T  7
   7
A  7
   5
B
```

Gmaj7

10fr

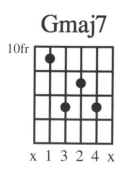

x 1 3 2 4 x

```
T  12
   11
A  12
B  10
```

060

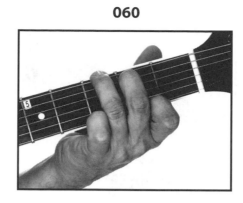

061

062

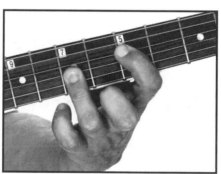

063

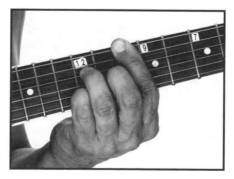

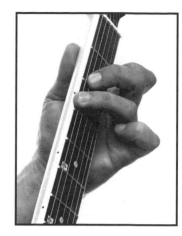

93

Gmaj7

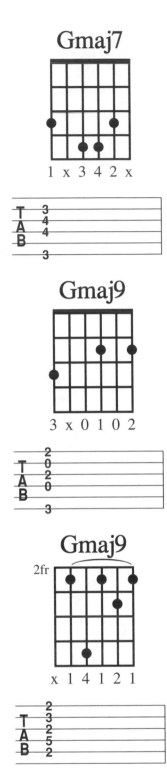

1 x 3 4 2 x

```
T  3
   4
A  4
B
   3
```

Gmaj9

3 x 0 1 0 2

```
   2
   0
T  2
   0
A  0
B
   3
```

Gmaj9

2fr

x 1 4 1 2 1

```
   2
   3
T  2
   5
A
B  2
```

Gmaj13

2 1 1 1 3 1

```
   2
T  3
   2
   2
A  2
B
   3
```

064

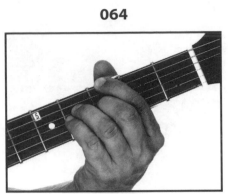

065

066

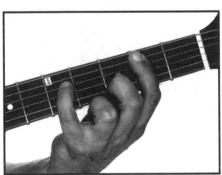

067

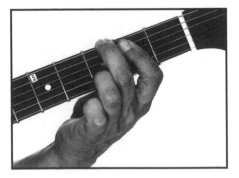

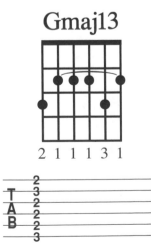

Gmaj13

10fr

x 1 x 2 3 4

```
T  12
   12
A  11
B  10
```

068

Gm

6fr

x x 3 2 4 1

```
T  6
   8
A  7
B  8
```

069

Gm

10fr

x 1 3 4 2 1

```
T  10
   11
A  12
   12
B  10
```

070

Gm

3fr

1 3 4 1 1 1

```
T  3
   3
A  3
   5
B  5
   3
```

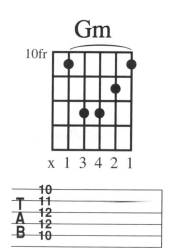

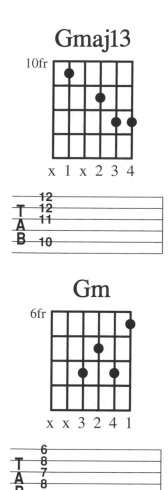

071

Gm

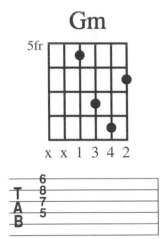

5fr

x x 1 3 4 2

```
T  6
A  8
B  7
   5
```

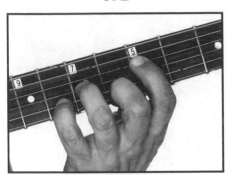
072

Gm

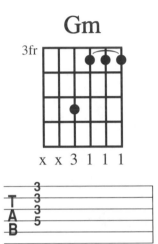

3fr

x x 3 1 1 1

```
T  3
A  3
B  3
   5
```

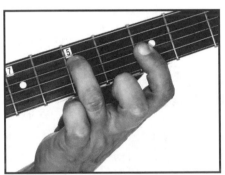
073

Gm6

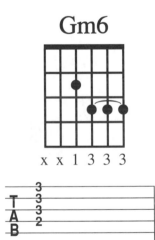

x x 1 3 3 3

```
T  3
A  3
B  3
   2
```

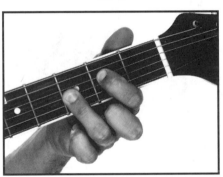
074

Gm6

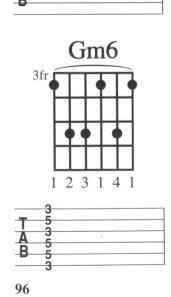

3fr

1 2 3 1 4 1

```
T  3
A  5
B  3
   5
   5
   3
```

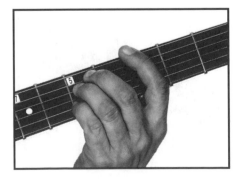
075

96

Gm6

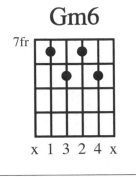

7fr

x 1 3 2 4 x

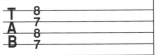

```
T    8
     7
A    8
B    7
```

Gm6

x 1 3 0 4 x

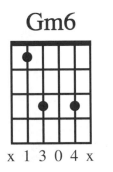

```
T    3
     0
A    3
B    1
```

Gm7

2 x 3 3 3 3

```
T    3
     3
     3
A    3
B
     3
```

Gm7

3fr

1 3 1 1 1 1

```
T    3
     3
     3
A    3
B    5
     3
```

076

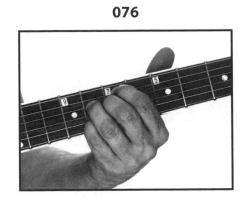

077

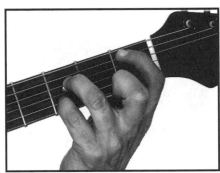

078

079

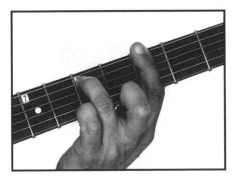

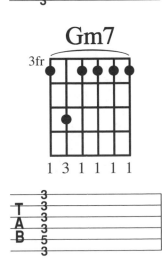
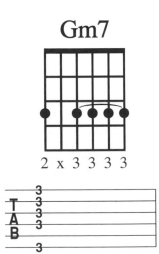

Gm7

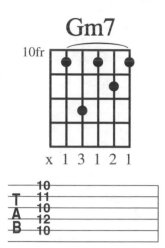

10fr

x 1 3 1 2 1

```
T  10
   11
A  10
   12
B  10
```

Gm9

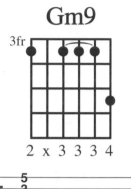

3fr

2 x 3 3 3 4

```
T  5
   3
A  3
   3
B
   3
```

Gm9

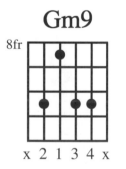

8fr

x 2 1 3 4 x

```
T  10
   10
A  8
B  10
```

Gm11

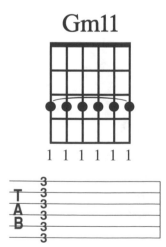

1 1 1 1 1 1

```
T  3
   3
A  3
   3
B  3
   3
```

080

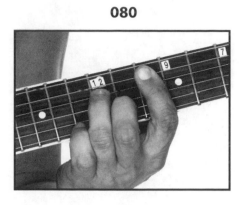

081

082

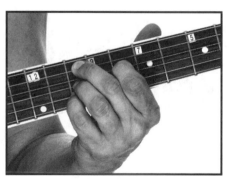

083

Gm11

10fr

x 1 1 1 2 1

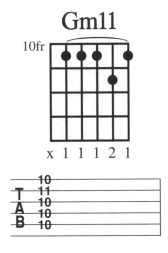

```
T  10
   11
A  10
   10
B  10
```

Gm13

3fr

1 3 1 1 4 1

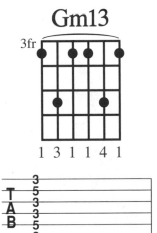

```
T  3
   5
A  3
   3
B  5
   3
```

Gm13

10fr

x 1 x 2 3 4

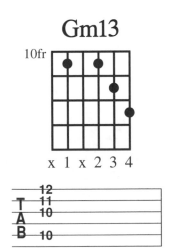

```
T  12
   11
A  10
B  10
```

Gm7♭5

5fr

x x 1 3 3 3

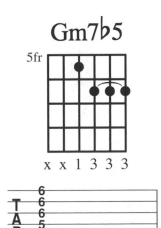

```
T  6
   6
A  6
   5
B
```

084

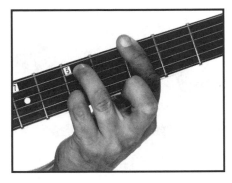

085

086

087

Gm7♭5

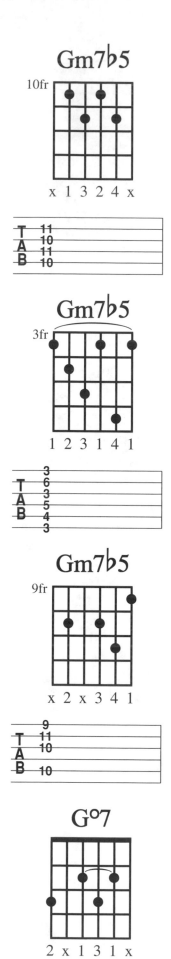

10fr

x 1 3 2 4 x

```
T  11
A  10
   11
B  10
```

Gm7♭5

3fr

1 2 3 1 4 1

```
T  3
   6
A  3
   5
B  4
   3
```

Gm7♭5

9fr

x 2 x 3 4 1

```
T  9
   11
A  10
B  10
```

G°7

2 x 1 3 1 x

```
T  2
   3
A  2
B  3
```

088

089

090

091

G°7

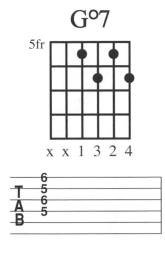

5fr

x x 1 3 2 4

```
T  ──────────6──
A  ──────5──────
B  ──────6──────
   ──────5──────
```

092

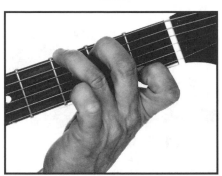

G7

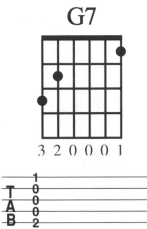

3 2 0 0 0 1

```
T  ──────1────────
A  ──0──0──0──0────
B  ────────────2──
   ────────────3──
```

093

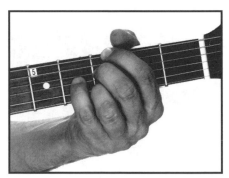

G7

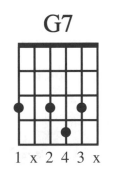

1 x 2 4 3 x

```
T  ──3──────
A  ──4──────
B  ──3──────
   ──3──────
```

094

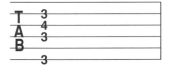

G7

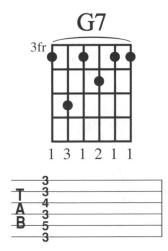

3fr

1 3 1 2 1 1

```
T  ──3──────
A  ──3──────
B  ──4──────
   ──3──────
   ──5──────
   ──3──────
```

095

G7

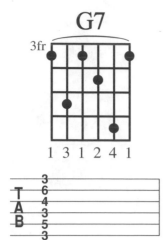

3fr

1 3 1 2 4 1

```
T  3
   6
   4
A  3
   3
B  5
   3
```

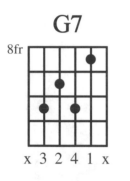

G7

8fr

x 3 2 4 1 x

```
T  8
   10
A  9
B  10
```

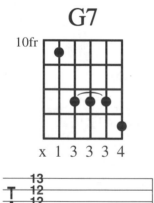

G7

10fr

x 1 3 3 3 4

```
T  13
   12
   12
A  12
B  10
```

G7

10fr

x 1 3 1 4 1

```
T  10
   12
A  10
   12
B  10
```

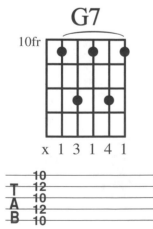

096

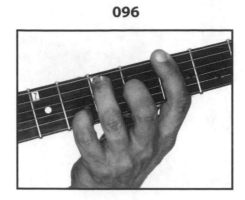

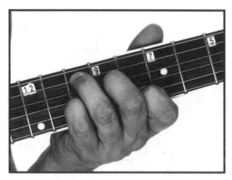

097

098

099

102

G7sus4

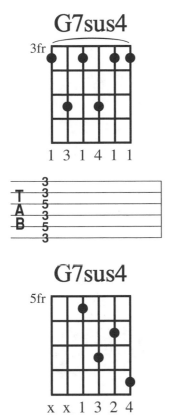

3fr

1 3 1 4 1 1

```
T  3
   3
A  5
   3
B  5
   3
```

G7sus4

5fr

x x 1 3 2 4

```
T  8
   6
A  7
B  5
```

G7♭5

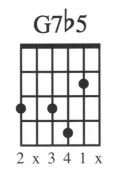

2 x 3 4 1 x

```
T  2
   4
A  3
B
   3
```

G7♭5

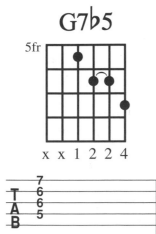

5fr

x x 1 2 2 4

```
T  7
   6
A  6
B  5
```

100

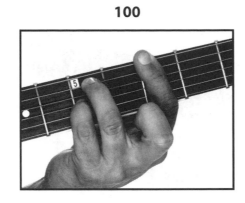

101

102

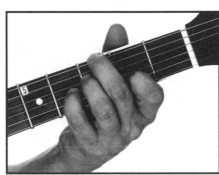

103

G9

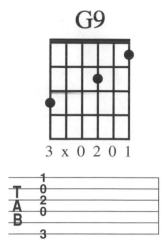

3 x 0 2 0 1

```
T   1
    0
    2
A   0
B
    3
```

G9

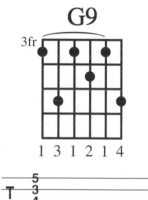

2 x 3 1 0 4

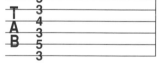

```
T   3
    0
    2
A   3
B
    3
```

G9

3fr

1 3 1 2 1 4

```
T   5
    3
    4
A   3
B   5
    3
```

G9

9fr

x 2 1 3 3 3

```
T   10
    10
    10
A   9
B   10
```

104

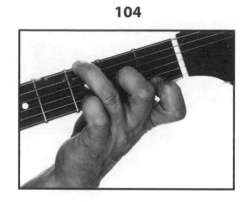

105

106

107

G9sus4

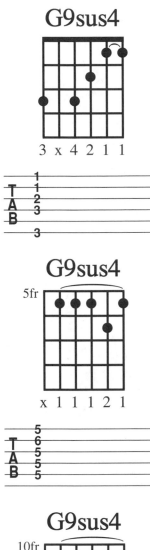

3 x 4 2 1 1

```
T  1
   1
A  2
   3
B  3
   3
```

G9sus4

5fr

x 1 1 1 2 1

```
T  5
   6
A  5
   5
B  5
```

G9sus4

10fr

x 1 1 1 1 1

```
T  10
   10
A  10
   10
B  10
```

G13

x x 3 0 0 0

```
T  0
   0
A  0
   3
B
```

108

109

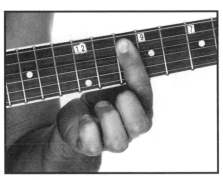

110

111

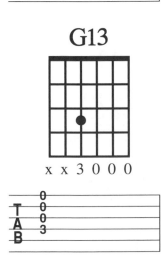

G13

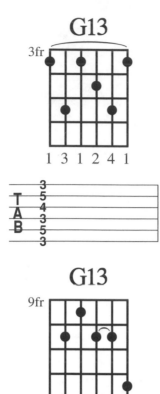

3fr

1 3 1 2 4 1

```
T  3
   5
A  4
   3
B  5
   3
```

G13

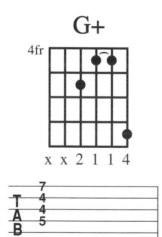

9fr

x 2 1 3 3 4

```
   12
T  10
   10
A  9
B  10
```

G+

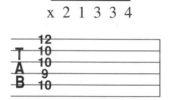

4fr

x x 2 1 1 4

```
T  7
   4
   4
A  5
B
```

G+

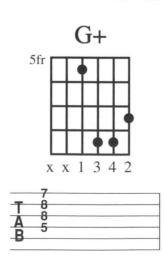

5fr

x x 1 3 4 2

```
T  7
   8
   8
A  5
B
```

112

113

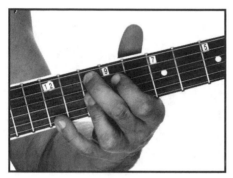

114

115

G5

3fr

1 3 x x x

```
T
A
B 5
   3
```

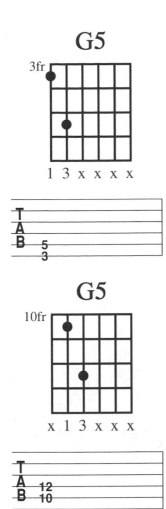

G5

10fr

x 1 3 x x x

```
T
A
B 12
   10
```

116

117

A

A

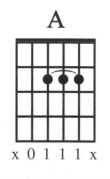

x 0 1 1 1 x

```
    2
T   2
A   2
B   0
```

A

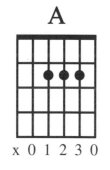

x 0 1 2 3 0

```
    0
    2
T   2
A   2
B   0
```

A

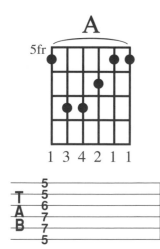

5fr

1 3 4 2 1 1

```
    5
    5
T   6
A   7
B   7
    5
```

118

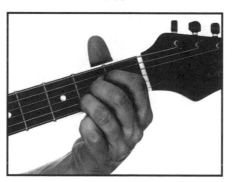

119

120

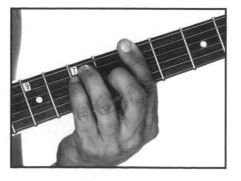

108

A

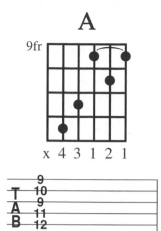

9fr

x 4 3 1 2 1

```
T    9
     10
     9
A    11
B    12
```

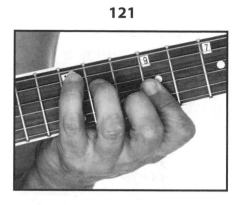

121

A

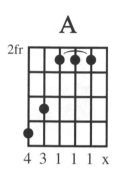

2fr

4 3 1 1 1 x

```
T    2
     2
A    2
B    4
     5
```

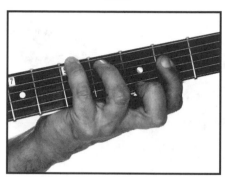

122

A

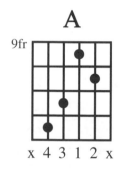

9fr

x 4 3 1 2 x

```
T    10
     9
A    11
B    12
```

123

A

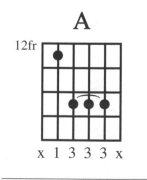

12fr

x 1 3 3 3 x

```
T    14
     14
A    14
B    12
```

124

Asus4

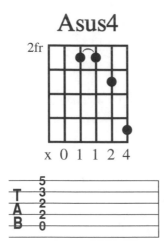

2fr

x 0 1 1 2 4

```
   5
T  3
A  2
   2
B  0
```

Asus4

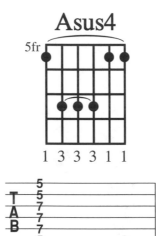

5fr

1 3 3 3 1 1

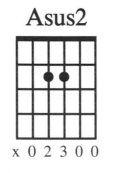

```
   5
T  5
   7
A  7
B  7
   5
```

Asus2

x 0 2 3 0 0

```
   0
   0
T  2
A  2
B  0
```

Asus2

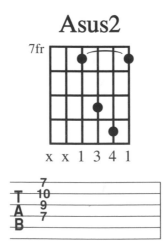

7fr

x x 1 3 4 1

```
   7
T  10
   9
A  7
B
```

125

126

127

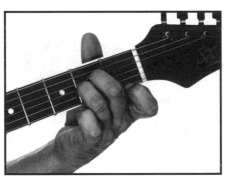

128

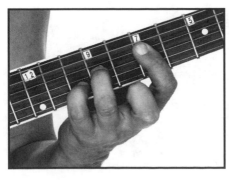

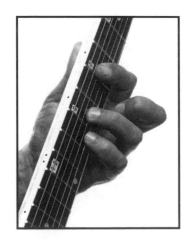

A6

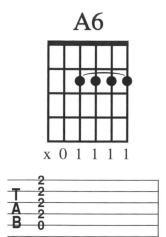

x 0 1 1 1 1

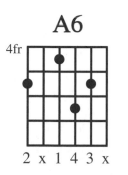

A6

4fr

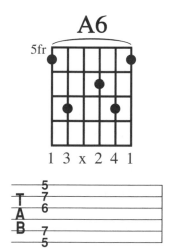

2 x 1 4 3 x

A6

5fr

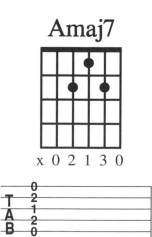

1 3 x 2 4 1

Amaj7

x 0 2 1 3 0

129

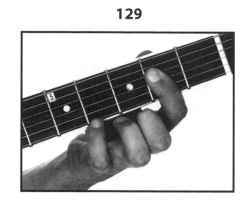

130

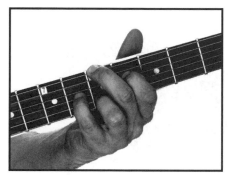

131

132

111

Amaj7

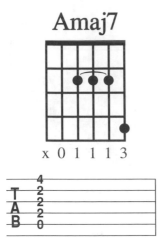

x 0 1 1 1 3

```
    4
T   2
A   2
    2
B   0
```

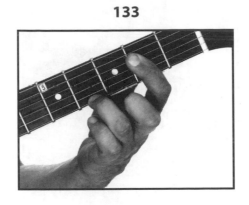
133

Amaj7

4fr
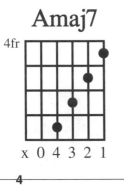

x 0 4 3 2 1

```
    4
T   5
A   6
    7
B   0
```

134

Amaj7

9fr
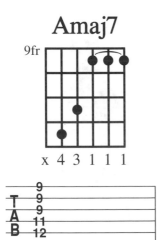

x 4 3 1 1 1

```
    9
T   9
A   9
    11
B   12
```

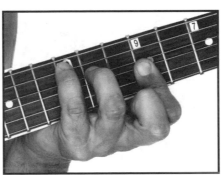
135

Amaj9

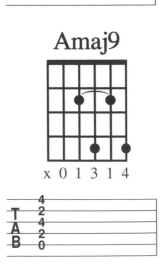

x 0 1 3 1 4

```
    4
T   2
A   4
    2
B   0
```

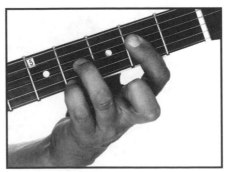
136

Amaj9

5fr

1 x 2 3 x 4

```
T    7
A    6
     6
B    5
```

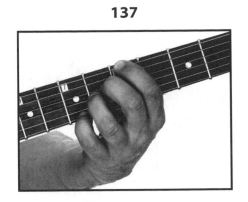

137

Amaj13

x 0 2 1 3 3

```
T    2
A    2
     1
B    2
     0
```

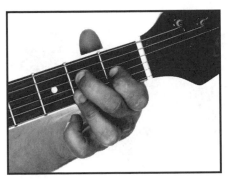

138

Amaj13

4fr

2 1 1 1 3 1

```
T    4
A    5
     4
B    4
     4
     5
```

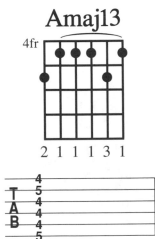

139

Am

x 0 2 3 1 0

```
T    0
A    1
     2
B    2
     0
```

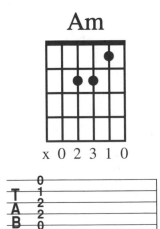

140

Am

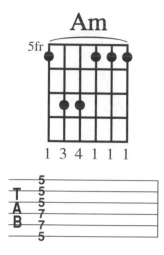

5fr

```
1  3  4  1  1  1
```

```
T  5
   5
   5
A  7
B  7
   5
```

Am

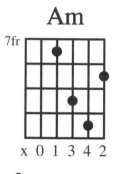

7fr

```
x  0  1  3  4  2
```

```
T  8
   10
   9
A  7
B  0
```

Am

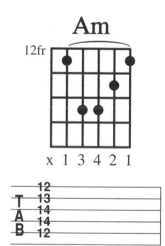

12fr

```
x  1  3  4  2  1
```

```
T  12
   13
   14
A  14
B  12
```

Am

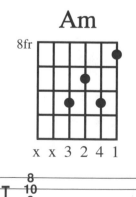

8fr

```
x  x  3  2  4  1
```

```
T  8
   10
   9
A  10
B
```

141

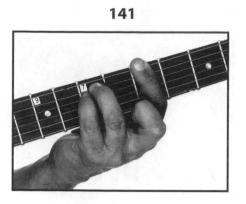

142

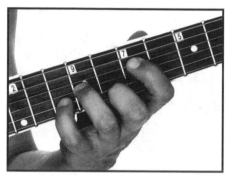

143

144

114

Am6

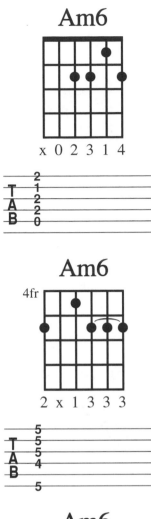

x 0 2 3 1 4

```
T    2
     1
A    2
     2
B    0
```

Am6

4fr

2 x 1 3 3 3

```
T    5
     5
     5
A    4
B    5
```

Am6

7fr

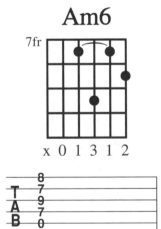

x 0 1 3 1 2

```
T    8
     7
     9
A    7
B    0
```

Am6

11fr

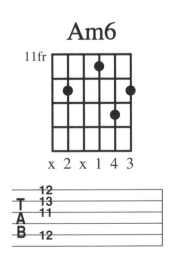

x 2 x 1 4 3

```
T    12
     13
     11
A    12
B
```

145

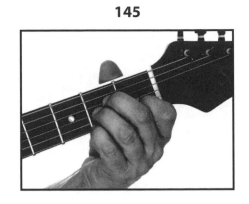

146

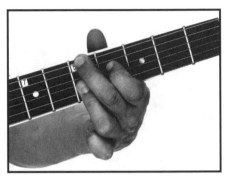

147

148

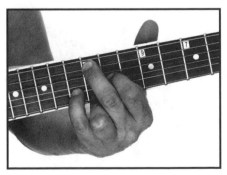

Am7

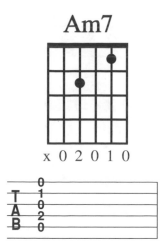

x 0 2 0 1 0

```
T  0
A  1
   0
B  2
   0
```

Am7

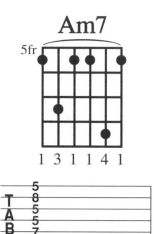

5fr

1 3 1 1 4 1

```
   5
T  8
A  5
   5
B  7
   5
```

Am7

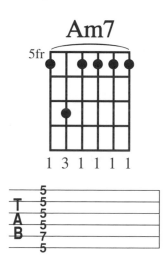

5fr

1 3 1 1 1 1

```
   5
T  5
A  5
   5
B  7
   5
```

Am7

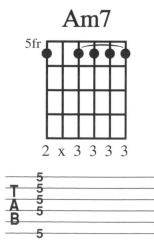

5fr

2 x 3 3 3 3

```
   5
T  5
A  5
   5
B  5
```

149

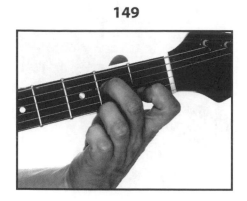

150

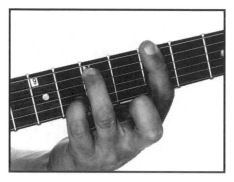

151

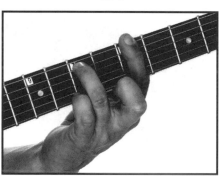

152

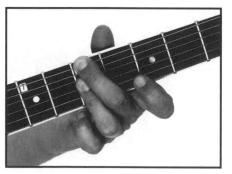

116

Am9

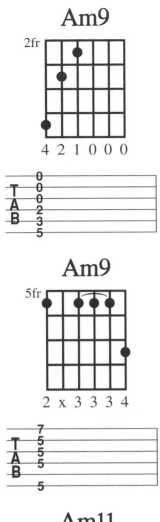

2fr

4 2 1 0 0 0

```
T   0
A   0
B   0
    2
    3
    5
```

Am9

5fr

2 x 3 3 3 4

```
T   7
A   5
B   5
    5
    5
```

Am11

x 0 0 0 1 0

```
T   0
A   1
B   0
    0
    0
```

Am11

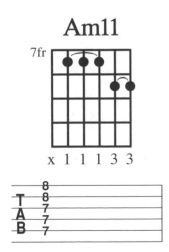

7fr

x 1 1 1 3 3

```
T   8
A   8
B   7
    7
    7
```

153

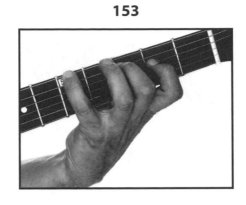

154

155

156

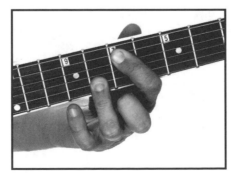

117

Am13

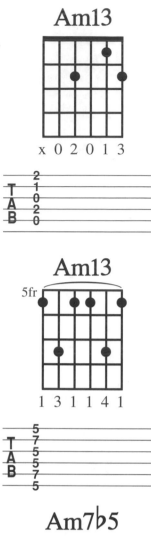

x 0 2 0 1 3

```
T  2
A  1
   0
   2
B  0
   0
```

Am13

5fr

1 3 1 1 4 1

```
T  5
A  7
   5
   5
B  5
   7
   5
```

Am7♭5

x 0 1 2 1 4

```
T  3
A  1
   2
   1
B  0
```

Am7♭5

7fr

x 0 1 3 3 3

```
T  8
A  8
   8
   7
B  0
```

157

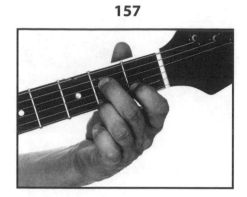

158

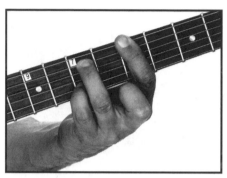

159

160

118

Am7♭5

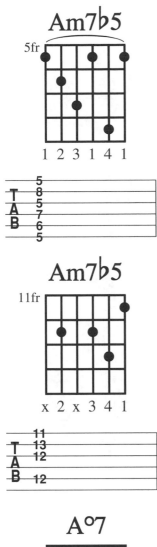

5fr

1 2 3 1 4 1

```
T--5--
--8--
A--5--
--7--
B--6--
--5--
```

Am7♭5

11fr

x 2 x 3 4 1

```
T--11--
--13--
A--12--
B--12--
```

A°7

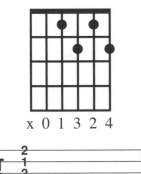

x 0 1 3 2 4

```
T--2--
--1--
A--2--
--1--
B--0--
```

A°7

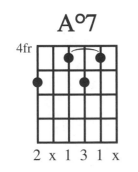

4fr

2 x 1 3 1 x

```
T--4--
--5--
A--4--
B--5--
```

161

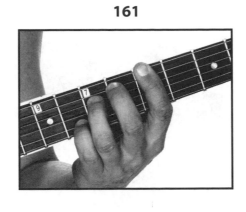

162

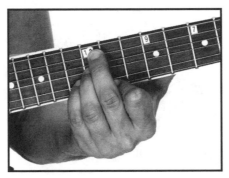

163

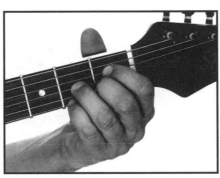

164

119

A7

x 0 2 0 3 0

```
T   0
A   2
B   0
    2
    0
```

A7

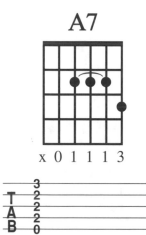

x 0 1 1 1 3

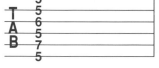

```
T   3
A   2
B   2
    2
    0
```

A7

5fr

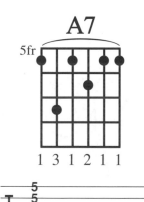

1 3 1 2 1 1

```
T   5
A   5
B   6
    5
    7
    5
```

A7

5fr

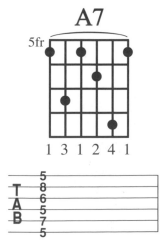

1 3 1 2 4 1

```
T   5
A   8
B   6
    5
    7
    5
```

165

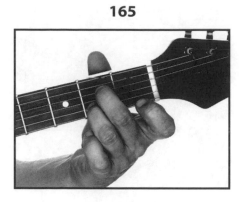

166

167

168

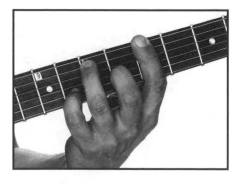

A7

10fr

x 3 2 4 1 x

```
T  10
A  12
   11
B  12
```

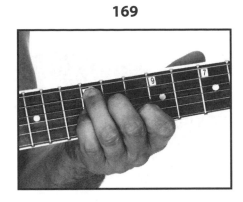

169

A7sus4

x 0 1 1 3 3

```
   3
T  3
A  2
   2
B  0
```

170

A7sus4

5fr

1 3 1 4 1 1

```
   5
T  5
   7
A  5
B  7
   5
```

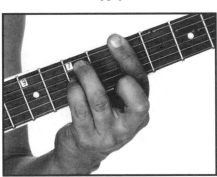

171

A7♭5

x 0 1 2 3 4

```
   3
T  2
A  2
   1
B  0
```

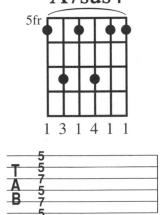

172

A7♭5

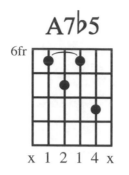

6fr

x 1 2 1 4 x

```
T   8
A   6
    7
B   6
```

A9

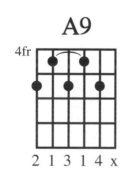

x 0 1 3 1 2

```
T   3
    2
A   4
    2
B   0
```

A9

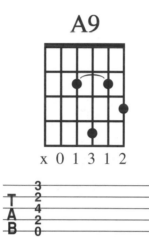

4fr

2 1 3 1 4 x

```
T   5
    4
A   5
B   4
    5
```

A9

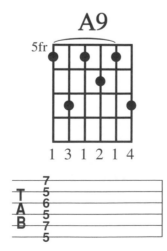

5fr

1 3 1 2 1 4

```
T   7
    5
A   6
B   5
    7
    5
```

173

174

175

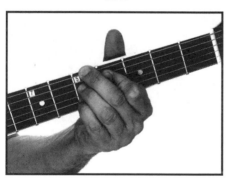

176

A9sus4

3fr

3 x 4 2 1 0

```
T  0
A  3
B  4
   5
   5
```

A9sus4

7fr

x 1 1 1 2 1

```
T  7
A  8
B  7
   7
   7
```

A9sus4

12fr

x 1 1 1 1 1

```
T  12
A  12
B  12
   12
   12
```

A13

x 0 2 0 3 4

```
T  2
A  2
B  2
   2
   0
```

177

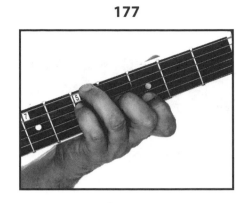

178

179

180

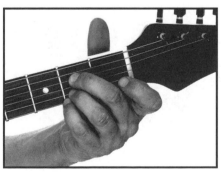

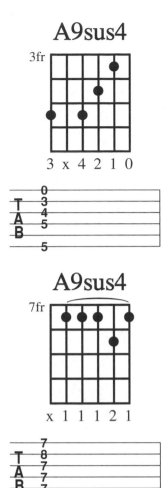

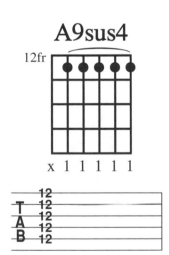

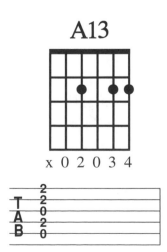

A13

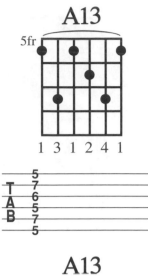

5fr

1 3 1 2 4 1

```
T   5
    7
A   6
    5
B   7
    5
```

A13

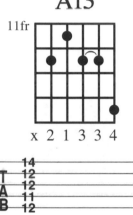

11fr

x 2 1 3 3 4

```
T   14
    12
A   12
    11
B   12
```

A+

6fr

x x 2 1 1 4

```
T   9
    6
A   6
    7
B
```

A+

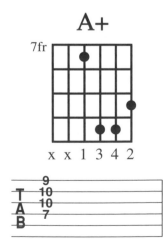

7fr

x x 1 3 4 2

```
T   9
    10
A   10
    7
B
```

181

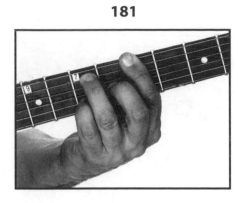

182

183

184

A5

5fr

1 3 x x x

```
T
A
B   7
    5
```

A5

12fr

x 1 3 x x x

```
T
A   14
B   12
```

185

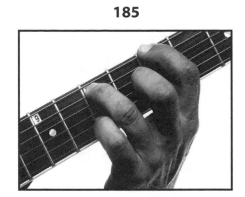

186

B

B

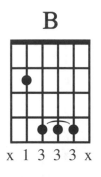

x 1 3 3 3 x

```
T  4
A  4
   4
B  2
```

B

4fr

x x 1 1 1 4

```
   7
T  4
A  4
B  4
```

B

11fr

x 4 3 1 2 1

```
   11
T  12
A  11
   13
B  14
```

187

188

189

B

4fr

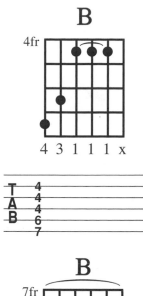

4 3 1 1 1 x

```
T  4
A  4
   4
B  6
   7
```

B

7fr

1 3 4 2 1 1

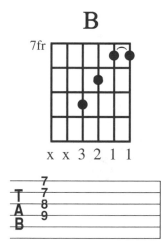

```
T  7
A  7
   8
B  9
   9
   7
```

B

7fr

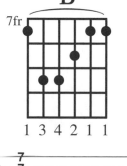

x x 3 2 1 1

```
T  7
A  7
   8
B  9
```

Bsus4

2fr

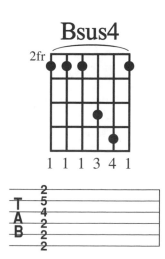

1 1 1 3 4 1

```
T  2
A  5
   4
B  2
   2
   2
```

190

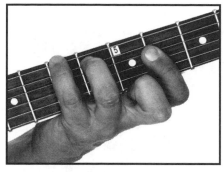

191

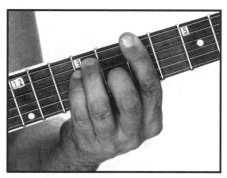

192

193

127

Bsus4

7fr

1 3 3 3 1 1

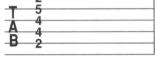
```
T   7
    7
A   9
B   9
    7
```

Bsus4

2fr

x 1 3 3 4 1

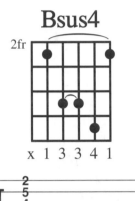
```
T   2
    5
A   4
B   4
    2
```

Bsus2

x 1 3 4 1 1

```
T   2
    2
A   4
B   4
    2
```

Bsus2

4fr

4 1 1 1 x x

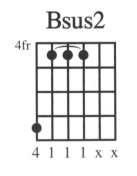
```
T   4
A   4
B   4
    7
```

194

195

196

197

Bsus2

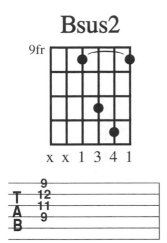

9fr

x x 1 3 4 1

```
T---9----------
A--12----------
-A-11----------
B---9----------
```

B6

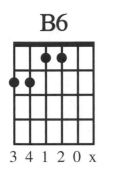

3 4 1 2 0 x

```
T---0----------
A---1----------
-A--1----------
B---2----------
----2----------
```

B6

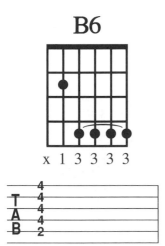

x 1 3 3 3 3

```
----4----------
T---4----------
A---4----------
-A--4----------
B---2----------
```

B6

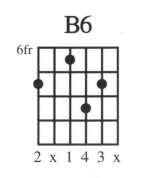

6fr

2 x 1 4 3 x

```
T---7----------
A---8----------
-A--6----------
B--------------
----7----------
```

198

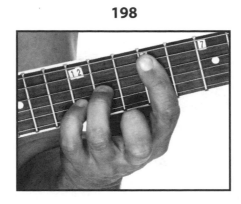

199

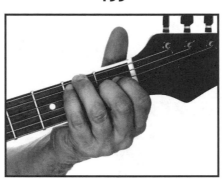

200

201

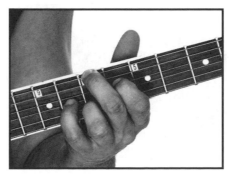

B6

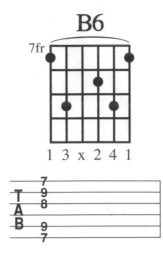

7fr

1 3 x 2 4 1

```
T  7
   9
A  8
B  9
   7
```

Bmaj7

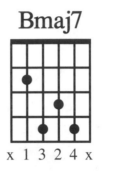

x 1 3 2 4 x

```
T  4
   3
A  4
B  2
```

Bmaj7

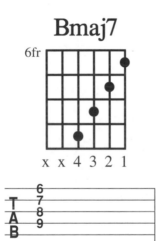

6fr

x x 4 3 2 1

```
T  6
   7
A  8
B  9
```

Bmaj7

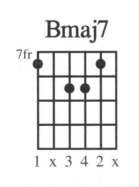

7fr

1 x 3 4 2 x

```
T  7
   8
A  8
B  7
```

202

203

204

205

130

Bmaj9

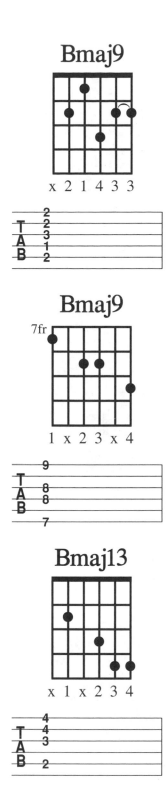

x 2 1 4 3 3

```
T  2
A  2
   2
   3
B  1
   2
```

Bmaj9

7fr

1 x 2 3 x 4

```
   9
T  
A  8
   8
B  
   7
```

Bmaj13

x 1 x 2 3 4

```
   4
T  4
A  3
   
B  2
```

Bmaj13

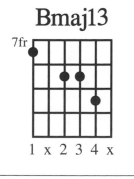

7fr

1 x 2 3 4 x

```
T  9
A  8
   8
B  
   7
```

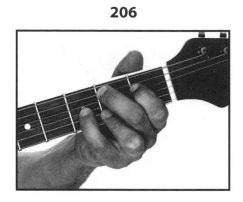

206

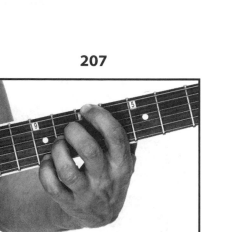

207

208

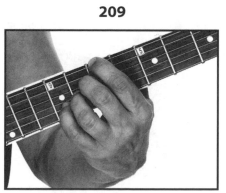

209

Bm

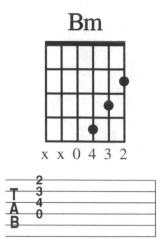

x x 0 4 3 2

```
T  2
   3
A  4
B  0
```

Bm

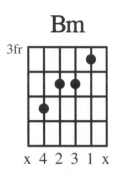

3fr

x 4 2 3 1 x

```
T  3
   4
A  4
B  5
```

Bm

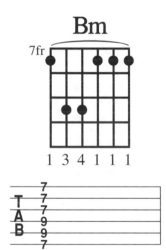

7fr

1 3 4 1 1 1

```
T  7
   7
   7
A  9
B  9
   7
```

Bm

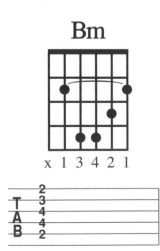

x 1 3 4 2 1

```
T  2
   3
A  4
B  2
```

210

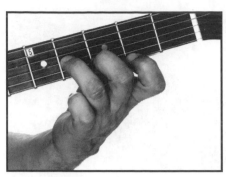

211

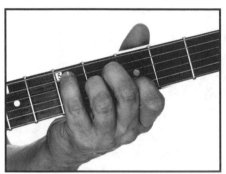

212

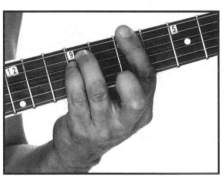

213

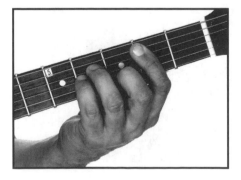

Bm

9fr

x x 1 3 4 2

```
T  10
   12
A  11
B   9
```

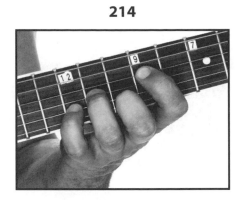

214

Bm

7fr

x x 3 1 1 1

```
T   7
    7
A   7
B   9
```

215

Bm6

x 2 x 1 4 3

```
T  2
   3
A  2
B  2
```

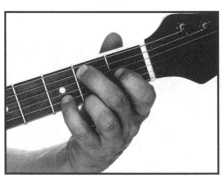

216

Bm6

x 1 3 x 2 4

```
T  4
   3
A  4
B  2
```

217

133

Bm6

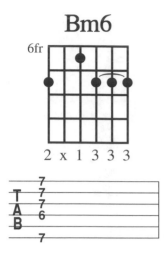

6fr

2 x 1 3 3 3

```
T  7
A  7
   7
   6
B  7
```

Bm7

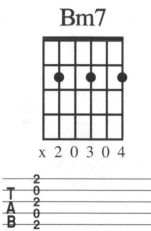

x 2 0 3 0 4

```
T  2
A  0
   2
   0
B  2
```

Bm7

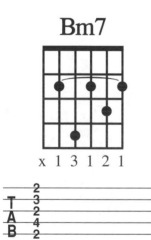

x 1 3 1 2 1

```
T  2
A  3
   2
   4
B  2
```

Bm7

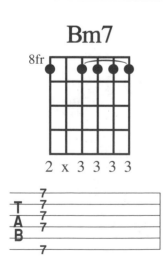

8fr

2 x 3 3 3 3

```
T  7
A  7
   7
   7
B  7
```

218

219

220

221

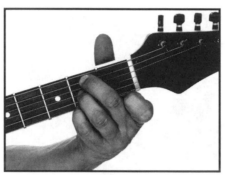

Bm7

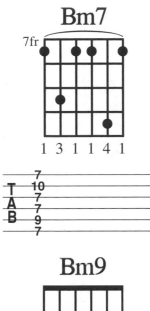

7fr

1 3 1 1 4 1

```
T  7
   10
A  7
   7
B  9
   7
```

Bm9

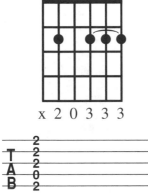

x 2 0 3 3 3

```
T  2
   2
A  2
   0
B  2
```

Bm9

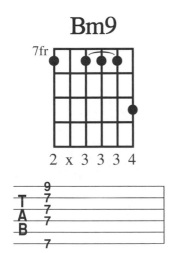

7fr

2 x 3 3 3 4

```
T  9
   7
A  7
   7
B
   7
```

Bm11

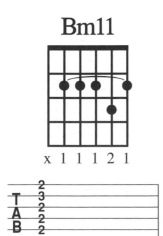

x 1 1 1 2 1

```
T  2
   3
A  2
   2
B  2
```

222

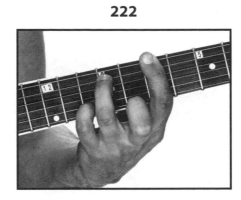

223

224

225

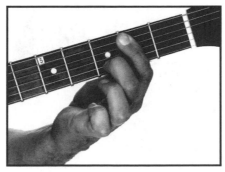

Bm11

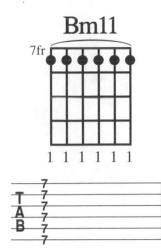

7fr

1 1 1 1 1 1

```
T  7
A  7
   7
   7
B  7
   7
```

Bm13

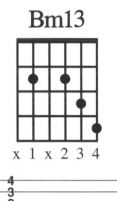

x 1 x 2 3 4

```
T  4
A  3
   2
B  2
```

Bm13

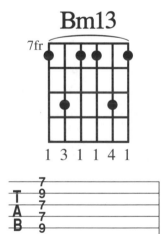

7fr

1 3 1 1 4 1

```
T  7
A  9
   7
   7
B  9
   7
```

Bm7♭5

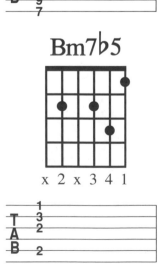

x 2 x 3 4 1

```
T  1
A  3
   2
B  2
```

226

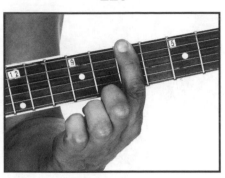

227

228

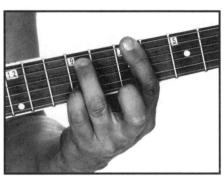

229

Bm7♭5

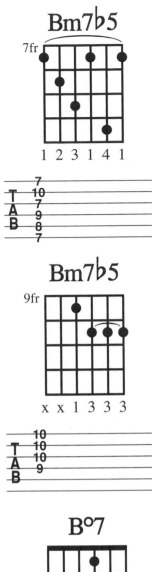

7fr

1 2 3 1 4 1

```
T    7
     10
A    7
B    9
     8
     7
```

Bm7♭5

9fr

x x 1 3 3 3

```
T    10
     10
A    10
B    9
```

B°7

x 2 3 1 4 x

```
T    3
A    1
     3
B    2
```

B°7

7fr

1 2 3 1 4 1

```
T    7
     9
A    7
     9
B    8
     7
```

230

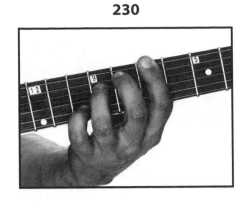

231

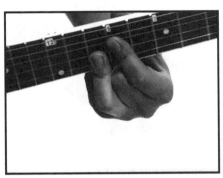

232

233

B7

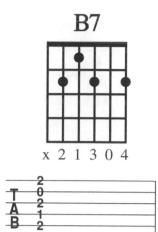

x 2 1 3 0 4

```
T  |--2--------|
   |--0--------|
A  |--2--------|
   |--1--------|
B  |--2--------|
```

B7

2fr

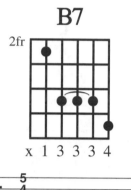

x 1 3 3 3 4

```
T  |--5--------|
   |--4--------|
A  |--4--------|
   |--4--------|
B  |--2--------|
```

B7

2fr

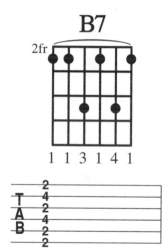

1 1 3 1 4 1

```
T  |--2--------|
   |--4--------|
A  |--2--------|
   |--4--------|
B  |--2--------|
   |--2--------|
```

B7

7fr

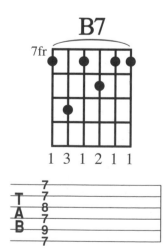

1 3 1 2 1 1

```
T  |--7--------|
   |--7--------|
A  |--8--------|
   |--7--------|
B  |--9--------|
   |--7--------|
```

234

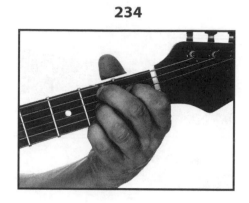

235

236

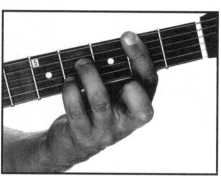

237

B7

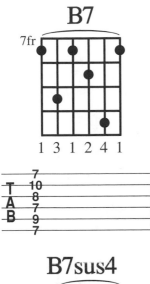

7fr

1 3 1 2 4 1

```
T    7
     10
A    8
     7
B    9
     7
```

B7sus4

2fr

x 1 3 1 4 1

```
T    2
     5
A    2
     4
B    2
```

B7sus4

7fr

1 3 1 4 1 1

```
T    7
     7
A    9
     7
B    9
     7
```

B7♭5

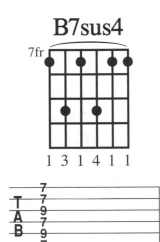

x 1 2 1 4 x

```
T    4
     2
A    3
B    2
```

238

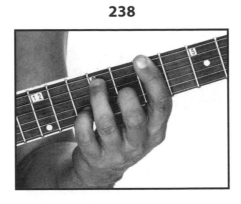

239

240

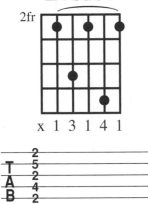

241

B7♭5

6fr

2 x 3 4 1 x

```
T  6
A  8
   7
B
   7
```

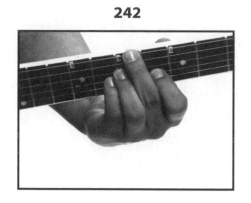
242

B9

x 2 1 3 3 3

```
T  2
A  2
   2
B  1
   2
```

243

B9

4fr

3 x 4 2 1

```
T  4
A  6
   7
B
   7
```

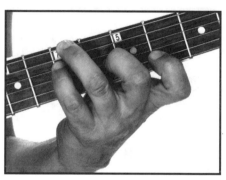
244

B9

7fr

1 3 1 2 1 4

```
T  9
A  7
   8
B  7
   9
   7
```

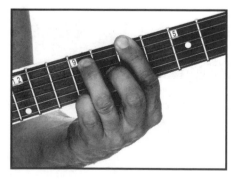
245

B9sus4

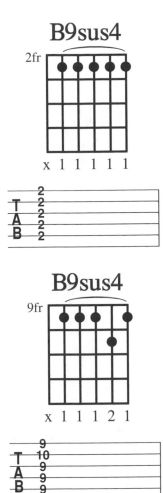

2fr

x 1 1 1 1 1

```
T   2
A   2
  2
B   2
    2
```

B9sus4

9fr

x 1 1 1 2 1

```
T   9
A   10
  9
B   9
    9
```

B9sus4

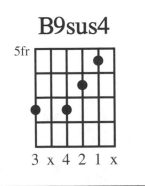

5fr

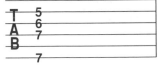

3 x 4 2 1 x

```
T   5
A   6
B   7
    7
```

B13

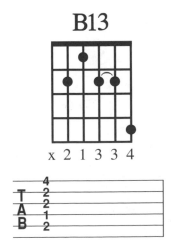

x 2 1 3 3 4

```
T   4
A   2
  2
B   1
    2
```

246

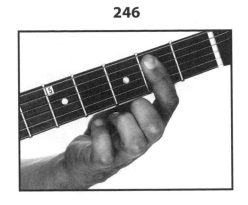

247

248

249

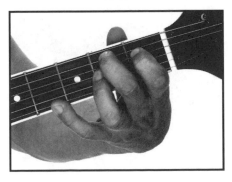

141

B13

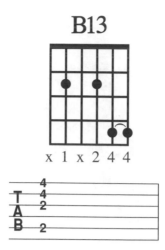

x 1 x 2 4 4

```
T   4
    4
A   2
B   2
```

B13

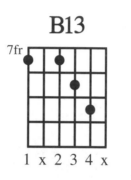

7fr

1 x 2 3 4 x

```
T   9
    8
A   7
B
    7
```

B+

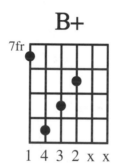

7fr

1 4 3 2 x x

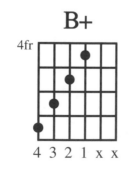

```
T   8
A   9
B   10
    7
```

B+

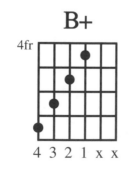

4fr

4 3 2 1 x x

```
T   4
A   5
B   6
    7
```

142

250

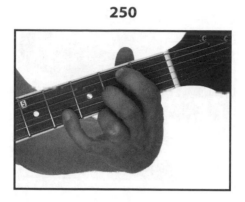

251

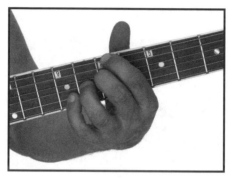

252

253

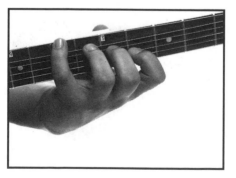

B5

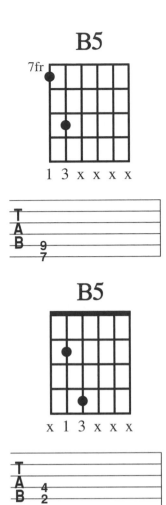

7fr

1 3 x x x x

```
T
A
B  9
   7
```

B5

x 1 3 x x x

```
T
A
B  4
   2
```

254

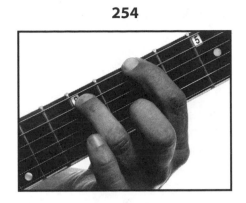

255

The Major Scale Chord Formula

The major scale chord chart on the following page can be used to create songs and chord progressions in any major key. This chart gives you a shortcut to the knowledge and music theory used to write music in any key. Use the tips below to help you in the process.

1) Every chord in the scale can be simplified from it's full seventh form to smaller versions:

> **major 7 → major → root + five**
>
> **minor 7 → minor → root + five**
>
> **dominant 7 → major → root + five**
>
> **minor 7 flat five → diminished → root + flat five**

2) The three principal chords in any key are the I - IV - V chords. These form the most solid chord structure within progression.

3) Every major key has a relative minor key that begins on the sixth degree of the major key. By using the process below, you can create chord scales for every minor key as well.

	1	2	3	4	5	**6**	7
Key of C major:	Cmaj7	Dm7	Em7	Fmaj7	G7	Am7	Bm7♭5

	1	2	3	4	5	6	7
Key of A minor:	Am7	Bm7♭5	Cmaj7	Dm7	Em7	Fmaj7	G7

	I	ii	iii	IV	V	vi	vii°
C	Cmaj7	Dm7	Em7	Fmaj7	G7	Am7	Bm7♭5
G	Gmaj7	Am7	Bm7	Cmaj7	D7	Em7	F#m7♭5
D	Dmaj7	Em7	F#m7	Gmaj7	A7	Bm7	C#m7♭5
A	Amaj7	Bm7	C#m7	Dmaj7	E7	F#m7	G#m7♭5
E	Emaj7	F#m7	G#m7	Amaj7	B7	C#m7	D#m7♭5
B	Bmaj7	C#m7	D#m7	Emaj7	F#7	G#m7	A#m7♭5
F#	F#maj7	G#m7	A#m7	Bmaj7	C#7	D#m7	E#m7♭5
D♭	D♭maj7	E♭m7	Fm7	G♭maj7	A♭7	B♭m7	Cm7♭5
A♭	A♭maj7	B♭m7	Cm7	D♭maj7	E♭7	Fm7	Gm7♭5
E♭	E♭maj7	Fm7	Gm7	A♭maj7	B♭7	Cm7	Dm7♭5
B♭	B♭maj7	Cm7	Dm7	E♭maj7	F7	Gm7	Am7♭5
F	Fmaj7	Gm7	Am7	B♭maj7	C7	Dm7	Em7♭5

Chord Progressions

The following 17 commonly used chord progressions demonstrate many different styles, keys and tempos. Most of the progressions are notated with rhythm slashes so you can play them using the many different chord voicings shown in this book.

The full band backing tracks that correspond to these 17 chord progressions can be downloaded for free at www.RockHouseMethod.com. You will first have to register for your FREE lifetime membership. Your member number can be found on the page that contains the CD's.

Each track has two versions. The first version is played by bass, drums and rhythm guitar. This lets you hear the progression the way it should sound with a complete band. The second version contains just the bass and drums for you to play the progression over. For each progression, try playing in the alternate keys included with many of the examples. This will help you become familiar with many of the chords contained in this book. You can also play solos over the complete guitar, bass and drum backing tracks.

Progression #1

Key of E (track 1)

Key of A

Key of D

Progression #2

Key of A (track 2)

Progression #3

Key of Am (track 3)

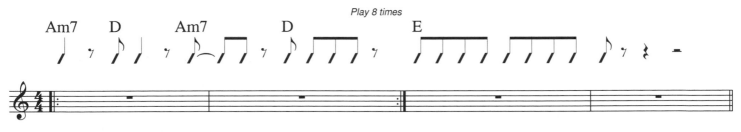

Key of Em

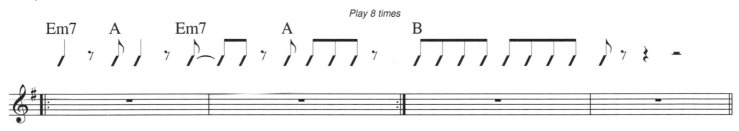

Progression #4

Key of F (track 4)

Key of C

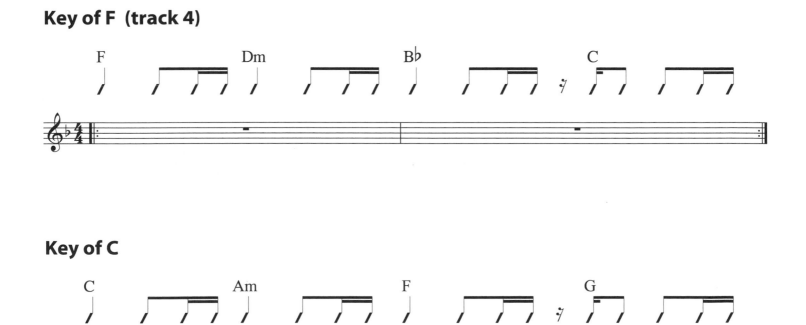

Progression #5

Key of G (track 5)

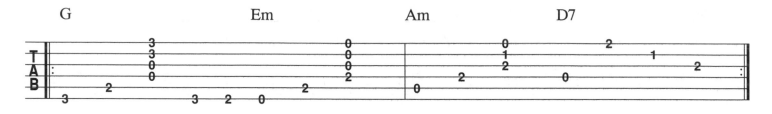

Key of C

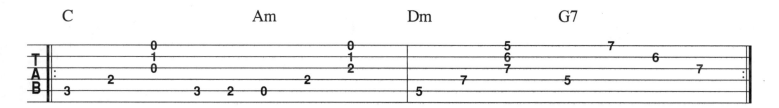

Key of D

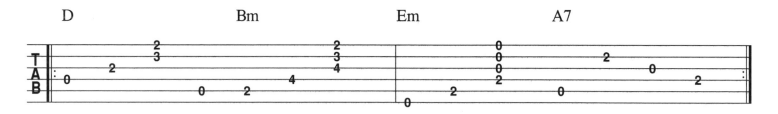

Progression #6

Key of A (track 6)

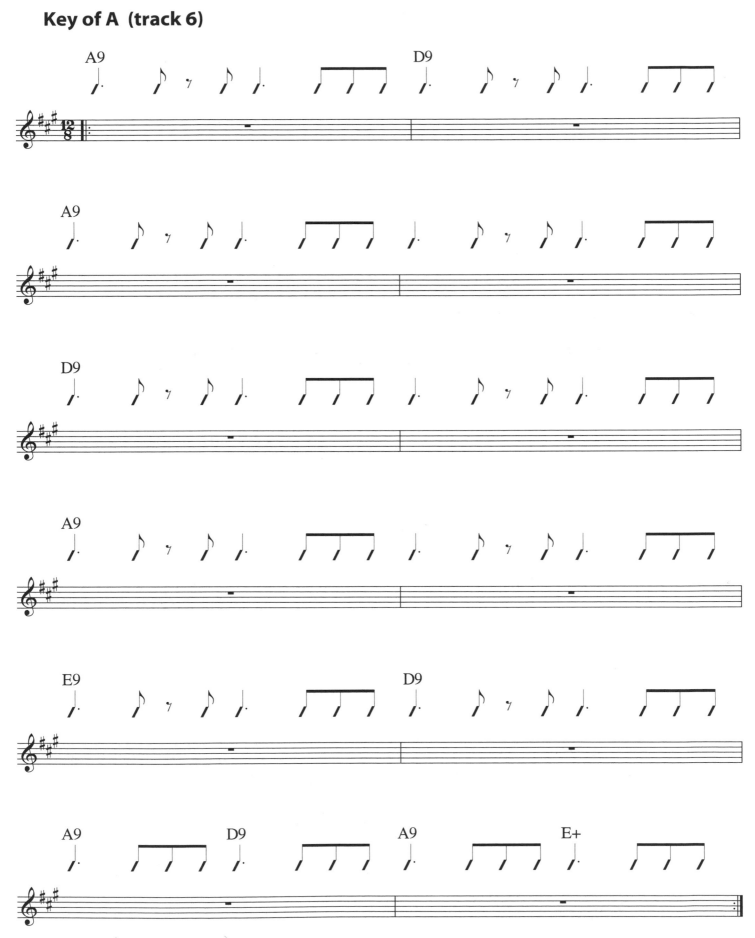

Progression #7

Key of C#m (track 7)

Key of Am

Key of Em

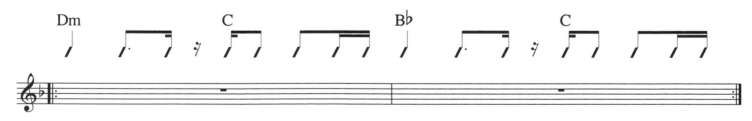

Key of Dm

Progression #8

Key of C (track 8)

Progression #9

Key of D (track 9)

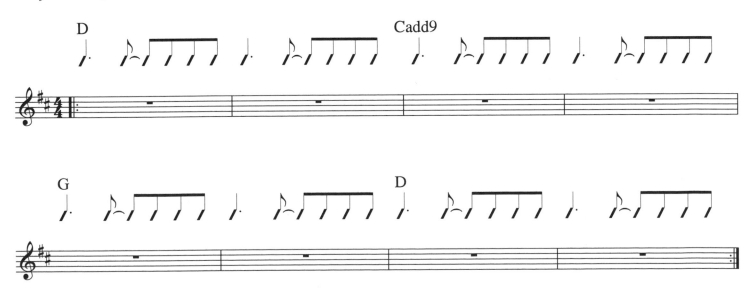

Progression #10

Key of Bm (track 10)

Key of Em

154

Progression #11

Key of Am (track 11)

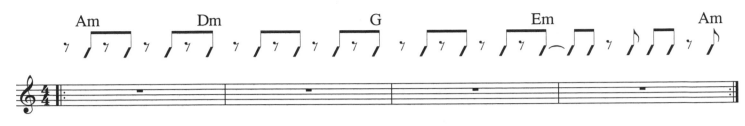

Key of Em

Progression #12

Key of Am (track 12)

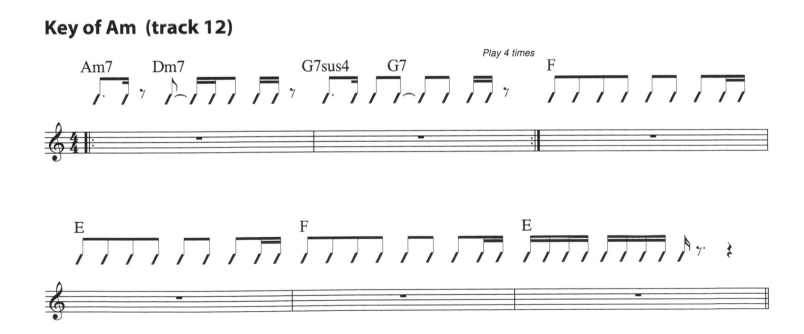

Progression #13

Key of Dm (track 13)

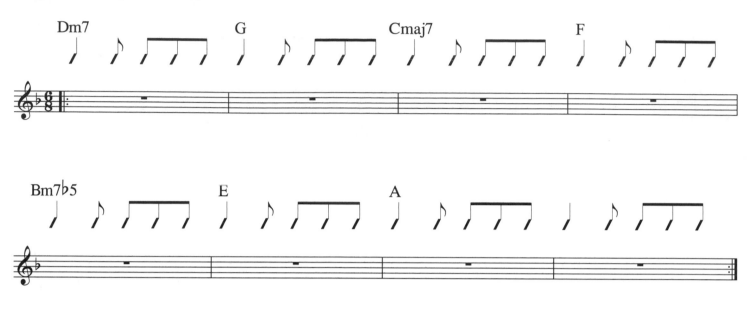

Key of Am

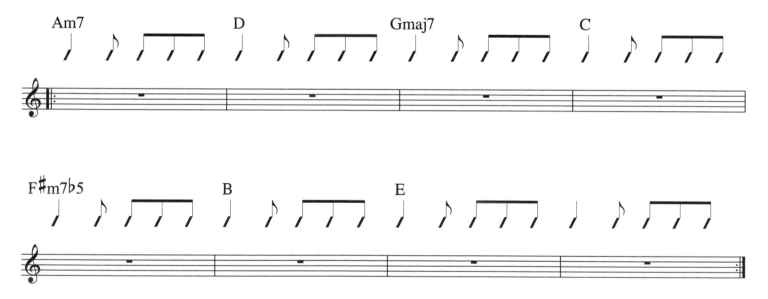

Progression #14

Key of Em (track 14)

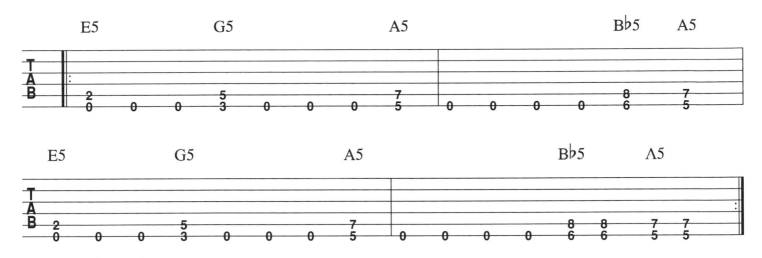

Progression #15

Key of Am (track 15)

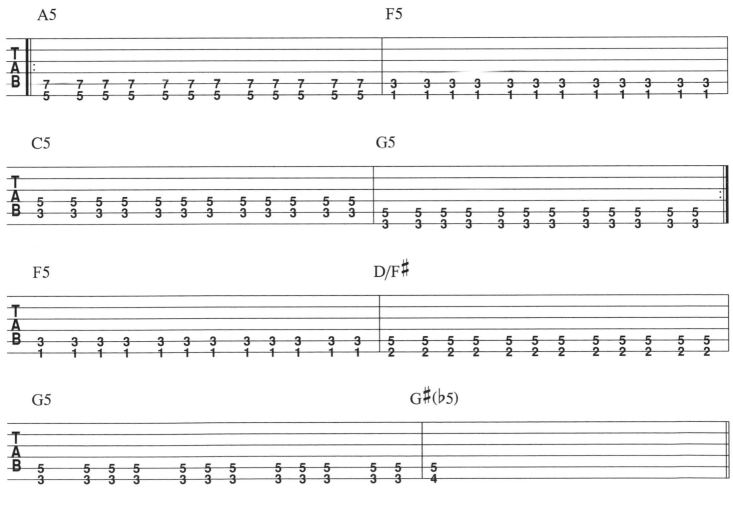

Progression #16

Key of G (track 16)

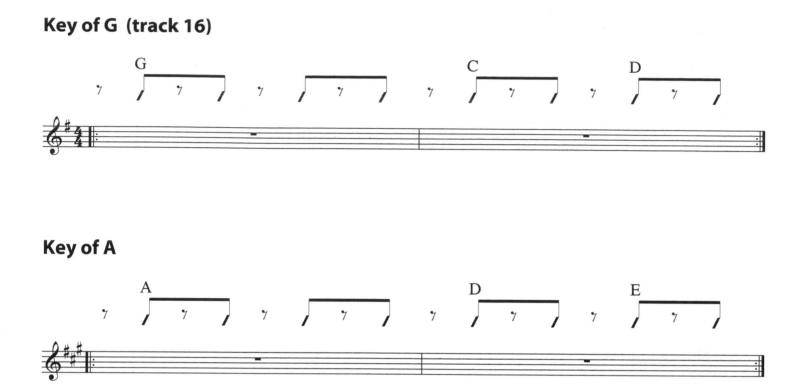

Key of A

Progression #17

Key of Dm (track 17)

*Drop D tuning

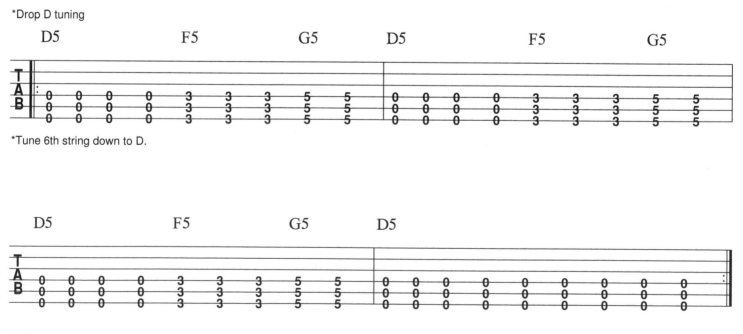

*Tune 6th string down to D.

Your chord book comes with over 500 professional audio backing tracks. Hear each chord picked note-by-note and strummed to help guide you to play them quickly and easily. Use your member number to register on-line for lesson support at RockHouseMethod.com where you can download these tracks for FREE. Listen to them on your computer, download them to your portable device or burn them to a CD.